Alexander Herzfeld

Reiseberichte aus Nord-Amerika

Alexander Herzfeld

Reiseberichte aus Nord-Amerika

ISBN/EAN: 9783743680012

Hergestellt in Europa, USA, Kanada, Australien, Japan

Cover: Foto ©Andreas Hilbeck / pixelio.de

Weitere Bücher finden Sie auf **www.hansebooks.com**

REISEBERICHTE

AUS

NORD-AMERIKA.

VON

PROFESSOR DR. ALEXANDER HERZFELD.

BERLIN.
BUCHDRUCKEREI „DIE POST", ZIMMERSTRASSE 34.
1894.

REISEBERICHTE

AUS

NORD-AMERIKA.

VON

PROFESSOR DR. ALEXANDER HERZFELD.

BERLIN.
BUCHDRUCKEREI „DIE POST", ZIMMERSTRASSE 94.
1894.

Inhaltsübersicht.

                                                                     Seite

Erklärung und Einleitung i

I. **Die Rübenzuckerindustrie der Vereinigten Staaten.** Einleitung . . 3
    Californien 4
        Vom Felsengebirge nach Los Angeles 8
        Los Angeles 11
        Besuch der Zuckerfabrik zu Chino 12
        Besuch von Anaheim 19
        San Francisco 21
        Besuch bei Herren Cl. Spreckels und Oxnard 22
        Besuch von Alvarado 23
        Von Watsonville 27
    Die Rübenzuckerfabrik zu Lehi im Mormonenland 31
    Nebraska 35
        Norfolk 40
        Grand Island 45
        Sioux City 49
        Besichtigung von Gütern bei Sioux City 52
        Besuch von Lincoln 58
        Unterredung mit dem Landwirthschaftsminister Herrn Morton in
          Washington 60

II. **Sorghumzuckerindustrie in Kansas** 67

III. **Beschreibung zweier Raffinerien** 69
        Havemeyer & Elders in Brooklyn 69
        Western Refining Co. in San Francisco 74

IV. **Die Stärkezuckerfabrik in Davenport** 76

V. **Die Ausstellung in Chicago** 78

VI. **Weitere Fabriken** 82
    1. Die Pabstbrauerei in Milwaukee 82
    2. Die Gasanstalt in Sioux City 85
       Besichtigung von Fabriken in St. Louis 86
    3. Die Hydraulic Pressbrick factory in St. Louis 87
    4. Knochenkohlenfabrik in St. Louis 89
    5. Hämmerbares Eisengusswerk 90
    6. Stearinfabrik 91
    7. Müllverwerthungsfabrik in St. Louis 92
    8. Papierfabrik von Alex. Balfour & Sons in Philadelphia . . 93

Erklärung.

Da während unserer gemeinschaftlichen Reise in den Vereinigten Staaten von Amerika abweichende Anschauungen bezüglich des Gesehenen und Erlebten zwischen uns beiden nicht hervorgetreten sind, haben wir es nicht für angezeigt gehalten, jeder gesondert einen Reisebericht zu erstatten, sondern uns dahin geeinigt, dass die Beobachtungen des mitunterzeichneten Dr. Bartz in dem vorliegenden Bericht mit verarbeitet wurden. Wir bitten daher diesen Bericht, so weit er die Zeit umfasst, welche wir gemeinschaftlich gereist sind, auch als gemeinschaftlichen anzusehen.

Berlin und Braunschweig, den 23. und 26. Dezember 1893.

Herzfeld.
W. Bartz.

Vorliegender Bericht betrifft die im Auftrage des Vereins für die Rübenzuckerindustrie des Deutschen Reichs unternommene Informationsreise nach den Vereinigten Staaten von Amerika. Zum besseren Verständniss scizzire ich kurz den äusseren Gang derselben. Am 20. Juni d. J. brachen Herr Dr. Bartz und ich gemeinschaftlich von Bremen auf, wir erreichten am 28. Juni New-York, besichtigten daselbst die Raffinerie in Brooklyn und einige andere Fabriken und reisten dann nach Chicago zum Studium der Ausstellung. Nach einem Abstecher nach Milwaukee zur Besichtigung der Pabstbrauerei führte unser Weg zunächst nach Davenport (Stärkezuckerfabrik), Norfolk Nebr. (Rübenzuckerfabrik) und von dort nach Colorado Springs. Von hier kehrte Herr Dr. Bartz nach Hause zurück, während ich nach kurzer Ruhepause mich auf der Santa Fé-Route nach dem südlichen Californien begab. Daselbst wurden die drei Rübenzuckerfabriken zu Chino, Watsonville und Alvarado besichtigt und in San Francisco Herr Claus Spreckels besucht und die Raffinerie in Augenschein genommen. Auf der Heimreise verweilte ich in Utah in der

Rübenzuckerfabrik in Lehi, und darauf nochmals in Nebraska, wo ich zunächst in Grand Island Station machte. Von Sioux City, der Grenzstadt von Nebraska, Süd-Dacota und Jowa unternahm ich Ausflüge nach mehreren Gütern und Fabriken und in Lincoln wurde ich mit Prof. Nicholson bekannt. Darauf reiste ich nach Topeka, der Hauptstadt von Kansas, um mich nach dem Stand der Sorghumindustrie zu erkundigen und von dort nach St. Louis. Hier besichtigte ich eine grössere Anzahl von Fabriken, zu denen mir der deutsche Consul Zutritt verschaffte. Dann begab ich mich nach Washington, stellte mich daselbst dem deutschen Botschafter vor, hatte durch dessen Vermittelung eine längere Unterredung mit dem Ackerbauminister der Vereinigten Staaten, Herrn Morton über die Rübenzuckerindustrie daselbst und besuchte Herrn Wiley, den Staatschemiker. Nunmehr kehrte ich über Philadelphia, wo eine Papierfabrik in Augenschein genommen wurde, nach New-York und von dort nach der Heimath zurück, die ich nach mehr als 3 monatlicher Abwesenheit am 23. September erreichte.

Der Uebersichtlichkeit halber sind in dem Bericht die Erlebnisse nicht chronologisch geordnet, sondern zunächst die auf die Rübenzuckerindustrie in Californien und Nebraska bezüglichen, an letztere anschliessend die Unterredung mit dem Minister in Washington mitgetheilt. Darauf sind die besuchten Raffinerien, die Stärkezuckerfabrik, dann die Ausstellung in Chicago und zuletzt die übrigen besichtigten Fabriken beschrieben. Abgesehen von kurzen Einleitungen zu Californien und Nebraska, welche allgemein gehalten und vorhandener Literatur entnommen sind, habe ich absichtlich, um dem Bericht den Eindruck des Selbsterlebten zu erhalten, den Erzählerton des Reisenden beibehalten und auch Wahrnehmungen, die nicht gerade den Hauptzweck der Reise betrafen, wo es mir passend erschien, eingestreut. Sollte es den geehrten Lesern scheinen, als wenn ich in dieser Beziehung zu weit gegangen, so bitte ich im voraus um Entschuldigung.

I.
Die Rübenzucker-Industrie der Vereinigten Staaten von Nord-Amerika.

Einleitung.

Die ersten Bestrebungen, die Rübenzucker-Industrie in den Vereinigten Staaten einzuführen, gingen 1830 von Philadelphia aus, doch erst acht Jahre später 1838 kam es zur Gründung einer kleinen Fabrik in Massachusets, welche sich indessen nicht lange halten konnte. 1863 bauten zwei Deutsche eine Fabrik in Chatsworth in Illinois, welche 1870 in Folge ungeeigneter Wachsthumsbedingungen für die Zuckerrübe zu Grunde ging. Dieselbe Fabrik wurde mit ähnlichen Misserfolgen in Freeport und später in Black Hawk Wiskonsin für kurze Zeit aufgestellt. Ausserdem wurde in demselben Staate eine Fabrik in Fond du Lac errichtet, die jedoch nur zwei Jahre bestand, worauf die Unternehmer nach Californien übersiedelten, um sich an der mit 250 000 Doll. Kapital ins Leben tretenden Alvarado Co. in Alameda zu betheiligen, doch auch diese Gesellschaft machte ebenso wie einige andere in Californien alsbald bankerott, und 1877 bestand wieder keine Rübenzuckerfabrik in Californien. Angereizt durch Prämien der Einzelstaaten tauchten noch hier und da Fabriken auf, um bald wieder einzugehen, so 1876 in Portland in Maine, in Northampton-Massachusets und zwei Jahre später in Wilmington-Delaware.

1879 wurde die Alvarado-Fabrik von neuen Besitzern abermals in Betrieb gesetzt, aber auch dieses Unternehmen scheiterte.

Die Menge des in Californien aus Rüben producirten Zuckers betrug

1870 . . . . 500 000 ℔.
1871 . . . . 800 000 „
1872 . . . . 1 125 000 „
1873 . . . . 1 500 000 „

um dann wie erwähnt wieder zeitweise auf Null herabzugeben.

Eine neue Aera der Industrie datirt von der Veröffentlichung der Mac Kinley-Bill, welche bekanntlich [1]) bestimmt:

„Vom 1. Juli 1890 bis zum 1. Juli 1905 soll von solchen Geldern des Staatsschatzes, welche nicht für andere Zwecke bestimmt sind, an die Producenten von Zucker, welcher nicht unter 90 Pol. enthält und aus Rüben, Sorghum oder Zuckerarten innerhalb der Vereinigten Staaten oder aus in den Vereinigten Staaten gewonnenen Ahornsäften hergestellt sind, eine Prämie von 2 cent per Pfund und auf dergleichen Zucker von weniger als 90^0, aber nicht weniger als 80^0 Pol. eine Prämie von 1 $^3/_4$ cent per Pfund bezahlt werden, nach Massgabe der von dem Inlands-Steuercommissar unter Zustimmung des Schatzsecretairs zu erlassenden Vorschriften."

Die Folge davon war, dass an den Plätzen Alvarado und Watsonville, in deren Nähe in der früheren Periode Rüben gebaut worden waren, und ferner in Chino, im südlichen Theile Californiens abermals drei Fabriken sich aufthaten, welche erzeugten in Pfunden:

	1891	1892
Alvarado	1 094 900	2 506 860
Watsonville	4 340 556	11 390 921
Chino	2 051 400	7 903 541

Hervorgehoben muss werden, dass für Watsonville und Chino die Steigerung in der Production von 1891 bis 92 grösser scheint als sie wirklich war, denn es wurde 1892 in Watsonville mit Ausscheidung gearbeitet und nur Zucker von der Güte unseres 2. Productes erzeugt und von Chino sogar nur Füllmasse über 80, und nicht Zucker von über 90 Pol. nach der Raffinerie in San Francisco gebracht, wodurch die Melasse mit der Prämie theilhaftig wurde, und das Gewicht der oben angeführten Ausbeute entsprechend erhöht ist.

Ausser diesen drei Fabriken entstanden in Folge der Mac Kinley-Bill noch zwei weitere in Nebraska und eine im Mormonenland, so dass zur Zeit in den Vereinigten Staaten sechs Rübenzuckerfabriken vorhanden sind.

Californien.

Das ganze Californien genannte Land zerfällt in zwei Theile: das obere Californien, welches zu den Vereinigten Staaten geschlagen ist und das untere Californien, eine in das Meer lang hingestreckte Halbinsel, welche heut noch einen Theil des Mexicanischen Gesammtstaates bildet. Das amerikanische obere Californien liegt zwischen dem 32. und 42. Grad N. B., sein gesammter Flächeninhalt beträgt nahezu 490 000 Qkm., ist daher nur etwa 50 000 Qkm. kleiner als das ganze Deutsche Reich. Auf

---

[1]) Vereins-Zeitschrift 1890, S. 830.

diesem Gebiet lebten Ende 1892 nur 1 200 000 Menschen, während Deutschland 47 Mill. Einwohner zählt. Californien ist ein langgestrecktes Küstenland, welches im Westen vom stillen Ocean bespült, im Osten in seiner ganzen Ausdehnung von 800 engl. Meilen durch hohe Gebirgszüge geschützt ist, nordöstlich durch die Sierra Nevada, daran anschliessend bis zur Mexicanischen Grenze durch die Ausläufer des Cascadegebirges. Aus dieser eigenthümlichen Lage erklären sich manche Verschiedenheiten und Unregelmässigkeiten des Klima's, wenn auch zuzugeben ist, dass deren Ursachen noch nicht völlig aufgeklärt sind. An der Küste wird die südliche Sonnenhitze durch den Einfluss des Meeres gemildert; mit dem Ansteigen des Bodens nach dem Gebirge zu, macht sich ein gemässigtes Klima geltend; in den Thälern und Schluchten finden sich Gegenden mit fast tropischer Fruchtbarkeit. Auf die Regenfälle wirkt einerseits die Nähe des Oceans, andererseits die hohen Gebirgszüge tiefgreifend ein.

Nachstehend gebe ich die durchschnittlichen Regenmengen nach den Beobachtungen vieler Jahre für einige Hauptplätze.

	Maximum	Jahresdurchschnitt	Jan.	Febr.	März	April	Mai	Juni	Juli	Aug.	Sept.	Oct.	Nov.	Dec.
S. Francisco	49,27	23,80	5,06	3,76	3,07	2,04	0,62	0,15	0,12	0,02	0,16	0,85	2,85	5,20
Sacramento	36,36	19,69	3,77	2,09	2,86	1,95	0,69	0,13	0,03	—	0,11	0,68	2,06	4,52
Los Angeles	32,16	16,03	3,93	3,76	1,90	1,34	0,35	0,09	—	0,08	0,01	0,35	1,49	2,73
S. Bernhardino	19,63	15,17	3,66	3,03	1,97	1,75	0,44	0,06	0,02	0,08	0,05	0,43	1,85	3,10

Bei Betrachtung dieser Tabelle fällt auf, wie verschieden und wie gross zuweilen die Abweichungen der Maxima von den Jahresdurchschnitten sind. In der That klagt man besonders darüber, dass Jahre mit ausgiebigen Regenfällen nicht selten erschreckend trockene folgen. Ob in regelmässigen einen längeren Zeitraum umfassenden Perioden Jahre von gleichartiger Witterung wiederkehren, hat noch nicht sicher festgestellt werden können, wird aber häufig angenommen. Man hat nämlich aus von 1849 bis 1877 reichenden Beobachtungen, welche später fortgesetzt wurden, folgern wollen, dass periodische Jahrescyclen von je 13 Jahren bestehen, innerhalb welcher die Regenmenge allmählich auf ein Minimum sinkt. Das erste Minimum seit der Besitznahme des Landes durch die Amerikaner ereignete sich 1850/51, wo in S. Francisco nur 10,1 Zoll Regen im Jahre niederging, das nächste 1876 mit 10 Zoll, an anderen Plätzen, z. B. Los Angeles, stimmt aber nach vorliegenden 15 jährigen Beobachtungen die Theorie nicht.

Bereits im vorigen Jahrhundert haben Jesuiten und andere katholische Mönchsorden den Obst- und Weinbau eingeführt, es konnten aber nur wenige bevorzugte Districte dazu benutzt werden. Erst mit der allgemeinen Verbreitung der künstlichen Bewässerung, welche schon durch die Mexikaner in kleinem Maassstab ausgeführt wurde, sind ganze vorher öde Landschaften in herrliche Obstgärten verwandelt und Californien das erste Obstland der Welt geworden. Erdbeeren, Kirschen, Birnen und Aepfel, Apfelsinen, Citronen, Feigen, Pfirsiche, Weintrauben und alle möglichen anderen Früchte gedeihen hier aufs üppigste und werden zum Export gebaut. Der neueste Bericht des Gartenbau - Staatssecretärs giebt an, dass 1891 4500000 Acker als zur Berieselung aptirt geschätzt worden seien, ferner 3550000 Acker cultivirtes Land, welches nicht berieselt wurde; die Zahl der artesischen Brunnen soll 3500 betragen haben.

Man unterscheidet hauptsächlich dreierlei Arten der Rieselung:
1. Die alte mexikanische Methode, wobei man das Wasser einfach in schmalen Rinden von Baum zu Baum leitet, ohne besondere Bassins am Baum; diese Methode ist noch sehr verbreitet.
2. Die Bassinmethode. Es werden Vertiefungen um den Baum gemacht, die von Zeit zu Zeit gefüllt werden.
3. Die sog. Riverside-Methode, so benannt, weil sie in Riverside zuerst angewandt wurde. Dabei wird eine schmale, 8—10 Zoll breite Schleuse aus Holz am oberen Ende des Ackers entlang gelegt. In Zwischenräumen von 1—3 Fuss sind verschliessbare Löcher gebohrt, durch welche das Wasser vertheilt wird.

Manche Obstplantagen werden nur bis zum dritten Jahre nach der Anlage berieselt, später niemals mehr.

Beim An- und Verkauf des Landes ist meist für den Werth entscheidend, ob Bewässerung und Wasserrecht vorhanden ist oder nicht: die Zuführung des Wassers besorgen grosse Gesellschaften, welche die artesischen Brunnen oder andere nothwendige Einrichtungen anlegen. Die Preise, welche für gutes Obstland gefordert werden, sind ausserordentlich hoch und richten sich auch darnach, ob jüngere oder ältere Pflanzungen vorhanden sind und was für Früchte gebaut werden können; es werden 300 bis selbst 500 Dollar für den Acker (= 1,6 preuss. Morgen) gefordert. Zur Zeit unserer Anwesenheit machten sich die Folgen einer Ueberproduction auf fast allen Gebieten des Obstbaues bemerkbar, so besonders in Wein, Erdbeeren, Pfirsichen und Apfelsinen, während für Citronen, welche nur in wenigen Gegenden gedeihen, noch am meisten Nachfrage vorhanden war.

Die Bodenverhältnisse Californiens lassen sich im Rahmen dieses Berichtes ebenso wenig erschöpfend behandeln, wie Clima und meteorologische Verhältnisse, da auch hier grosse Verschiedenheiten obwalten.

Die zum Rübenbau in chemischer Beziehung geeignete Fläche wird wie folgt von Prof. Hilgard, dem bedeutendsten Agriculturchemiker und genauem Kenner des Landes geschätzt[1]):

Bezirk	engl. Quadratmeilen
Los Angeles	1480
S. Bernhardino	465
S. Mateo	50
Contra Costa	70
Alameda	225
S. Clara	405
Monterey	700
S. Benito	115
S. Louis Obispo	1090
S. Barbara	300
Ventura	170
Sonoma	350
Napa	145
Andre-Thäler	40
Lake	100
Mendocino	125
zusammen:	5830

Es entspricht dies einem Areal von rund 3700000 Acker oder 5920000 preuss. Morgen. Von dieser Fläche mag nach Hilgard aber nur $1/_3$ brauchbar sein, $2/_3$ besitzen nicht genügende Feuchtigkeit oder haben andere Fehler. Hilgard berechnet schliesslich, dass jährlich im Ganzen 500000 Acker für den Rübenbau disponibel sind, welche mindestens 1250000000 Pfd. Zucker, also ungefähr die Hälfte der deutschen Production hervorbringen könnten.

Auf die Wiedergabe der zahlreichen Bodenanalysen, welche der Genannte aufführt, verzichte ich, da es unter den dortigen eigenthümlichen Verhältnissen noch weniger zulässig erscheint, aus der Bodenanalyse weitgehende Schlüsse zu ziehen, als anderwärts. Auffällig ist fast an allen Analysen der hohe Gehalt an Mangan und an löslichen Salzen, besonders Natron- und Magnesiaverbindungen, welche zu aschenreichen Rüben Veranlassung geben müssen. Ein grosser Uebelstand liegt darin, dass das Land häufig sog. Alkaliadern (in Wirklichkeit meist aus schwefelsaurer Magnesia bestehend) enthält, welche ganze Landstriche unfruchtbar machen, und selbst durch Berieselung häufig nicht zu beseitigen sind; solches Alkaliland ist auch für den Rübenbau nicht geeignet. Nicht selten ist es im Besitz von Landspeculanten, welche im fernen Osten sitzen, es für theures Geld gekauft haben und erst bei dem Versuch, es wieder loszuschlagen, zu merken pflegen, dass sie bei dem Ankauf betrogen worden sind.

---

[1]) Bericht 27 von Wiley, S. 118.

Vom Felsengebirge nach Los Angeles.

Herr Dr. Bartz hatte mich von Norfolk in Nebraska bis nach Colorado Springs im Felsengebirge begleitet, in dem 6500 engl. Fuss über dem Meeresspiegel gelegenen kühlen Orte, wo die strengste Temperenz herrschte, erholten wir uns einige Tage von den voraufgegangenen Strapazen und der Hitze. Nachdem wir noch gemeinsam den 14400 ' hohen Pikespeak, welcher trotz seiner Höhe frei von Schnee ist, mit der Zahnradbahn erklommen hatten, kehrte Herr Dr. Bartz über St. Louis und Washington nach Hause zurück.

Ich selbst ging zunächst für einige Tage noch höher in das Felsengebirge hinauf nach Cascade, einem lieblich gelegenen Gebirgsdorf am Utahpass, jener uralten durch das Hochgebirge führenden Strasse von Colorado nach dem Mormonenlande, welche die räuberischen Utah-Indianer lange in blutigen Kämpfen gegen die Weissen vertheidigt haben. Hier machte ich in einem amerikanischen Speisehaus, in dem Niemand ausser mir deutsch verstand, bald zahlreiche Bekanntschaften, mit denen ich fleissig englisch sprach und die mir manche nützlichen Empfehlungen auf den Weg gaben. In der Hauptsache benützte ich die Zeit aber zur Abfassung vorläufiger Berichte, von denen einige in der „Deutschen Zuckerindustrie" bereits erschienen sind.

Trotz der hohen Lage von mehr als 7000 engl. Fuss über dem Meeresspiegel, weilten in Cascade zahlreiche Schwindsüchtige, ohne Beschwerden zu empfinden, was als eine Folge der südlichen Lage anzusehen ist. Die Hochebene, aus der das Gebirge aufsteigt, ist schon über 6000 Fuss hoch, daher macht der Pikespeak trotz der gewaltigen Höhe längst nicht den Eindruck auf den Beschauer, als viel niedrigere Berge in der Schweiz, wozu auch noch beiträgt, dass er fast des ganze Jahr frei von Schnee ist. Reichlichen Ersatz für den Mangel an Grossartigkeit bietet aber die herrliche Flora und Fauna, die Luft ist erfüllt von dem Duft würziger Blumen, und allerwärts huschen die flinken eichhörnchenähnlichen Thierchen, die Chippemönche, über den Weg. Nur die wohlhabenden Gäste wohnen in Holzhäusern, die Angehörigen der ärmeren Klassen geniessen ihre Sommerfrische unter einem Leinewandzelt, welches sie mitbringen, und leben in der Hauptsache monatelang von gleichfalls mitgebrachten Nahrungsmitteln. Ein oder zwei Kühe führen sie entweder ins Gebirge hinauf, oder kaufen sie hier und lassen sie auf den vielen Baustellen, die hier wie um die meisten amerikanischen Städtchen vorhanden sind, grasen. — In dem Boardinghouse hatten die jungen Herren sich für die Zeit ihres Hierseins Reitpferde gekauft, welche in Colorado sehr billig sind, und riethen mir eindringlich, das gleiche zu thun.

Indessen war meines Bleibens nicht länger, als ich nach einigen Tagen Aufenthalt auf meine Anfrage die telegraphische Nachricht erhielt, dass die Zuckerfabrik Chino im Betriebe sei und dass man meinem Besuch daselbst gern entgegen sehe.

Ich brach deshalb am 8. August von Cascade auf und fuhr auf der Santa-Fé-Route, durch Colorado, Arizona und Neu-Mexico über la Junta, Trinidad, Lamy, die Needles und Barstow zunächst nach dem Hauptplatz des südlichen Californien, Los Angeles. Die Reise dauerte ohne Unterbrechung von Montag Mittag bis Donnerstag früh, dennoch wirkte sie Dank der vorzüglichen Einrichtungen der Santa Fé-Gesellschaft nicht ermüdend. Unangenehm für den Reisenden ist auf dieser Strecke nur, dass die Mahlzeiten nicht, wie auf den meisten östlichen Bahnen in einem Speisewagen eingenommen werden können, sondern in allerdings guten Wirthschaften, welche die Gesellschaft an allen Hauptstationen nach der Art unserer deutschen Bahnhofsrestaurationen eingerichtet hat. Bei diesem System ist man gezwungen die aus vielen Gängen bestehende Mahlzeit, welche nach amerikanischer Sitte alle fast gleichzeitig servirt werden, schnell herunterzustürzen, während man lieber die Zeit, in welcher der Zug hält, benutzen würde, um sich im Freien zu bewegen.

Zum Glück aber entstehen manchmal unvorhergesehene längere Aufenthalte, weil die Bahn nur eingleisig ist und deshalb entgegenkommende Züge in kleinen Stationen oder in Weichen auf freiem Felde abgewartet werden müssen. Jedermann steigt dann aus, spaziert umher oder lagert sich im Grase. Höchst drollig sieht es sich an, wie dann Herren und Damen aufspringen und in den Zug stürzen, wenn derselbe sich, wie es hier Sitte ist, ohne jegliches Abfahrtsignal wieder langsam in Bewegung setzt.

Die Gegend ist anfangs vielfach gradezu trostlos, stundenlang ist kein Baum und Strauch zu sehen, ausgenommen einige Cactusarten, welche immer grösser werden, je tiefer man aus dem Gebirge herabsteigt. Hin und wieder, aber doch selten tauchten grüne Plätze auf, an denen sich Wasser befindet, schon aus der Ferne erkennt man ihre Nähe an dem Auftreten der Viehheerden und an den elenden Lehmhütten, in welchen die Hirten wohnen. Einen eigenthümlichen Eindruck machen zahllose, völlig ausgetrocknete Wasserläufe, welche den Thonboden tief einfurchen und dadurch dass sie oft in unmittelbarer Nähe der Bahngeleise sich befinden, gefährlich werden, bei jedem heftigen Regenguss erzeugt das von den Bergen herabströmende Wasser hier sehr tiefe Flussbette. Trostlos ist die Fahrt durch Arizona, zahllose Rinder und Pferdecadaver liegen an der Bahn. Wie an hochgelegenen Orten der Schweiz ist die Luft hier so rein, dass keine Fäulniss eintritt, die todten Thiere schrumpfen deshalb nur zusammen und liegen vollständig erhalten mit Haut und Haaren ungezählte Jahre lang da. Es könnte trotzdem hübsch genug hier sein, wenn nicht die Wälder, welche hier an der Bahn sich entlang ziehen zu grauenvoll verwüstet wären. Wie auch schon im Felsengebirge sieht man überall verkohlte Baumstämme liegen und der grösste Theil der noch lebenden Bäume ist aus Muthwillen angesengt. Trotz der Eintönigkeit der Landschaft verging mir aber die Zeit schnell in der Unterhaltung mit californischen Minenbesitzern, welche von einer Expedition zur Aufsuchung von Goldlagern in Mexico heimkehrten. An verschiedenen Stellen des Weges machten sie mich auf Punkte aufmerksam, wo der oder jener durch Auffindung von gediegenem Golde vor Jahren sein Glück gemacht. Einigen Zeitvertreib gewährten auf den Stationen auch die zahlreichen Indianer und Indianerinnen. Letztere, meist jung und hübsch mit glänzenden dunklen Augen trugen ihre Kinder auf einem Brett aufgeschnallt auf dem Rücken, die kleineren waren dabei gegen die Sonne durch ein übergedecktes Weidengeflecht geschützt, so dass das ganze wie ein Fischkorb aussah. Der landschaftlich schönste Punkt auf der Reise sind die „Nadeln", die Stelle, an welcher die Bahn das tief eingeschnittene Thal des Coloradoflusses kreuzt. Wir passirten diese grossartige und in ihrer Einsamkeit schaurige Stelle im Glanze der untergehenden Sonne, bald darauf wendet sich die Bahn und führt in nördlicher Richtung das Flussthal des Colorado entlang. Ueberall sieht man ärmliche Hütten der Indianer aus dem Schilf hervorleuchten, und nahe dabei Schaaren von Kindern in grellfarbenen Kleidern sich tummeln, es sind die Wohnstätten von Wasserindianern, sogenannt, weil sie am Fluss und hauptsächlich vom Fischfang leben. Dieselben gehören dem ehemals blutdürstigen Stamme der Mohawks an, welche hier zur Zeit des Baues der Santa Fé-Bahn sich sehr aufsässig zeigten, jetzt aber seit langer Zeit friedlich geblieben sind. Bald darauf hielt der Zug an der Station, die Needles, welche von an 100 erwachsenen Indianern, Frauen und furchtbar bemalten Männern umlagert war. Alsbald eröffnete sich ein lebhafter Verkehr mit den Reisenden die den Indianern Kleinigkeiten abkauften. Die niedrigste Münze, welche die Wilden kennen ist ein viertel Dollar, ein 10 Cent-Stück nahmen sie auch nicht als Geschenk. — Am folgenden Morgen in aller Frühe befanden wir uns endlich in dem herrlichen Californien; nunmehr wechselten während der Fahrt Apfelsinen- mit Pfirsich-, Aepfel- und anderen Obsthainen ab, häufig von einem lebendigen Zaun von Fächerpalmen geschmackvoll umrahmt. Dazwischen passirten wir Dörfer mit hochstämmigen Eucalyptusbäumen und sauberen Wohnhäusern mit geschmackvoll angelegten, bunt blühenden Gärten, welche an die Heimath erinnern. Immer höher wurden die Palmen, immer schöner die Gärten, bis wir endlich frühmorgens um 7 Uhr Los Angeles erreichten.

Los Angeles.

In Los Angeles hat es mir von allen amerikanischen Städten, die ich besuchte, am besten gefallen, hier tritt das Geschäftsleben äusserlich für den Fremden zurück, südliche Lebendigkeit herrscht in den Strassen, aber nicht das rastlose Rennen wie in New-York und Chicago. Abends durchziehen Minstrels die Stadt, und die zahlreichen Chinesen die hier wie in San Francisco in einem eigenen Viertel wohnen, machen das Strassenbild noch bunter. — Im Hotel Hollenbeck erwarteten mich die Herren Dr. Frentzel, Hecker und Schöller zur gemeinsamen Excursion nach Chino. Obgleich ich mich nach der dreitägigen Nachtfahrt, Dank den vorzüglichen Einrichtungen der Santa-Fé-Bahn frisch genug fühlte, zog ich es vor die Reise dorthin auf den folgenden Tag zu verschieben.

Wir benutzten den Tag, um zunächst die Conservirung der Früchte anzusehen, der Besitzer des Hotels übernahm es, uns nach einer derartigen Fabrik zu führen.

Uns hätte es besonders interessirt, Trockenanstalten für Früchte kennen zu lernen, wir erfuhren aber, dass Anlagen für künstliches Trocknen im südlichen Californien nicht bestehen. Die Früchte werden nur an der Sonne getrocknet, und wo es nöthig erscheint zu diesem Behufe von den Abhängen in die Nähe des Ocean, wo die Luft zu feucht erscheint, ein wenig weiter in das Innere des Landes gebracht. Auch in der Conservenfabrik war wenig genug zu sehen, man reichte uns zwar frische und eingemachte Früchte in grosser Menge zum Kosten, führte uns aber nicht besonders gut und war zurückhaltend in Beantwortung technischer Fragen. Die Früchte wurden durch Mädchen, welche hier für 2 Dollar den Tag (8,50 Mk.) arbeiten, geschält, zerschnitten und in Blechbüchsen gefüllt, welche in derselben Fabrik hergestellt werden. Um zu salzen und zu süssen, waren zwei grosse Gefässe mit dünner Kochsalz-, bez. Zuckerlösung vorhanden. Das Erhitzen der verlötheten Büchsen geschah theilweise in durch directen Dampf heizbaren Wasserbädern nur auf mittlere Temperaturen, theils wurde bei höherer Temperatur pasteurisirt. Die Hauptfabrikation ist aber die Bereitung von Gelées, welche aus den filtrirten Extracten durch Eindampfen im Vacuum gewonnen werden. So erzählte man uns, und beschenkte jeden mit einer Büchse Gelée, wir bekamen aber den ganzen grossen Theil der Fabrik, wo es bereitet wurde, nicht zu Gesicht. Wir besuchten darauf einen der herrlichen Gärten, welche Los Angeles umgeben, und staunten über den Blumenflor, welcher allerwärts, selbst auf den sandigen Wegen emporschiesst. Ans Wunderbare grenzen die haushohen Geranien, welche hier das ganze Jahr hindurch wachsen, die riesigen Rosenbäume, welche sich an den Gebäuden emporranken, und die herrlichen Coniferen. Der Garten war erst vor 5 Jahren angelegt, dennoch machte er auf uns den Eindruck, als wäre er mindestens 30 Jahre alt; landesüblich waren die Coniferen, welche hier unglaublich rasch wachsen, zu allerlei phantastischen Thier- und Menschenfiguren ausgeschnitten. Man denke sich dazu herrliche Fächerpalmen im Freien wachsend, ferner zahlreiche bei uns ganz unbekannte ähnlich wie Flieder blühende Bäume und man wird es begreiflich finden, dass wir aufrichtig entzückt waren und diesem Gefühl, was die Amerikaner ja so sehr schätzen, auch in Worten gegen den Besitzer Ausdruck gaben.

Nachdem wir noch die Ausstellung von Landeserzeugnissen in der Börse besichtigt, verbrachten wir den Rest des Tages an den Ufern des stillen Oceans, in dem nahe gelegenen Santa Monica.

Worte reichen nicht hin, um die Schönheiten zu beschreiben, welche der Strand des „friedlichen" Weltmeeres hier unter dem blauen Himmel Californiens bietet; dazu überall fröhliche Menschen, voll Kraft und Gesundheit strotzend, die meisten in ihrer Art an die Rheinländer erinnernd. Männer, Frauen, Kinder, Weisse, Chinesen, Neger plätscherten munter lachend und kreischend durcheinander in dem dunkelblauen Wasser umher, von welchem eine leichte Brise mässige Kühlung nach dem Strande wehte. Nie werde ich die herrlichen Stunden vergessen, die ich hier am stillen Ocean verlebte!

Besuch der Zuckerfabrik Chino am 17. August 1893.

Chino liegt etwa 3 Eisenbahnstunden südlich von Los Angeles in dem lieblichen Bernhadino-Thale, welches von hohen Gebirgen, die in der klaren Luft greifbar nahe scheinen und einen entzückenden Anblick bieten, eingerahmt ist. In Ontario gingen wir auf die Kleinbahn über, welche in weitem Bogen hinab in das Chinotbal führt. Während uns vorher üppige Obstgärten begleiteten, sah es hier noch recht öde aus, an beiden Seiten des Bahndammes breitete sich viel uncultivirtes Land aus, welches im Sommer in Californien fast stets den Eindruck trostloser Wüste machte, denn kein Baum oder grünes Gras bedeckt den sandigen Boden, nur hin und wieder wachsen dürftig aussehende Cactus- und Palmenarten, welche höchstens strauchartig werden.

Je näher wir aber der Fabrik kamen, desto mehr Rübenfelder traten an beiden Seiten der Bahn hervor, die meisten freilich spärlich bestanden, die Pflanzen klein und lückenhaft, die Blätter welk zum Absterben. Die Fabrik ist in 5 Minuten von der Station zu Fuss zu erreichen, trotzdem fiel uns der kurze Weg an dem sehr heissen Tage schwer. Seitwärts vom Wege liegen eine Anzahl dürftiger Hütten aus Holz, und Leinwandzelte, unter denen die mexicanischen Arbeiter der Rübenwirthschaft campiren. Sobald wir an die ersten Rüben kamen, legten wir die Hände auf den

Boden, er war glühend heiss, die Pflanzen vollständig verwelkt, und daneben rauchte der Fabrikschornstein. So etwas war uns in der Zeit der Campagne freilich noch nicht vorgekommen! Mir fiel die Erzählung unseres Wirthes in Los Angeles ein, dass vor Jahren ein Engländer in der Nähe eine Straussenfarm eingerichtet hatte, die allerdings bald wieder einging, nachdem die Sache anfangs mit grosser Begeisterung aufgenommen war, an jenem Tage war die Erde sicher genügend durchwärmt, um Strausseneier im Sande ausbrüten zu können. Im Comptoir der Fabrik empfing uns Herr C. Kennedy Hamilton, einer der Besitzer freundlich, auch Herr Gird, der Eigenthümer von 50000 acre Land, welcher unter Contract einen grossen Theil der Rüben für die Fabrik lieferte, war grade anwesend. Nach kurzer Unterredung theilten wir uns, Herr Hamilton übernahm es mich zu führen, während Herr Gird die Herren Frentzel, Hecker und Schöller mit sich nahm.

Während die Pferde angeschirrt wurden, die uns durch die Felder führen sollten, trat mir im weissen Burnus plötzlich die hohe Gestalt des mir als alten Schüler und langjährigen Chemikers des Herrn Reimann in Schroda wohlbekannten Herrn Türcke entgegen. Unsere beiderseitige Freude war gross, denn wir hatten uns nicht träumen lassen, dass wir uns je unter solchen Umständen wiedersehen würden. Türcke fühlt sich ungemein wohl im südlichen Californien und besitzt selbst fünf Acker Rübenland im nahen Anaheim; zum Schluss der Rüben-Campagne geht er regelmässig als Chemiker nach der Rohrzuckerfabrik der Oxnard-Compagnie in Louisiana. Auch der technische Director der Fabrik ist ein Deutscher, welcher manchen Lesern bekannt sein wird, Herr Dr. Portius, der viele Jahre dem Hannöverschen Dirigentenverein angehört hat.

Der Boden von Chino ist ein äusserst fruchtbarer Schwemmboden mit ziemlich viel Humus, meist steinfrei, stellenweise allerdings herrscht auch Sand vor. An einzelnen Orten finden sich auch die sog. Alkaliadern, welche die betreffenden Stellen vorläufig für jegliche Cultur unbrauchbar machen. Zweifellos ist nach den Mittheilungen, die mir Herr Hamilton machte, dass jetzt Rüben an Stellen gebaut werden, die dafür nicht geeignet sind, weil der Boden zu durchlässig und deshalb zu trocken, zweifellos aber auch, dass mehr als das dreifache des jetzt in Cultur befindlichen an gutem Rübenboden noch vorhanden ist.

Die Urbarmachung des Landes ist hier denkbar einfach, es wird im Herbst wie in Nebraska mit dem Schälpflug umgeworfen, so dass die Wurzeln der Gräser und Disteln nach oben kommen und im nächsten Frühjahr sogleich mit Rüben bepflanzt. Doch zeigen sich im ersten Jahre häufig Fehlstellen, im zweiten Jahr ist die Ernte am ertragreichsten.

Mein Führer meinte, dass trotz des welken Aussehens der Blätter das Rübengewicht, welches eingebracht würde, ein collossales sei, oft über 20 Tonnen per Acker, selten unter 10, unaufhörlich forderte er mich auf die Rüben zu beschauen und den Ertrag abzuschätzen, immer aber griff ich zu niedrig. Trotz der genannten hohen Erträge hat im Durchschnitt die Fabrik in der alten Campagne aber nicht über 9 tons auf dem Acker gehabt und in diesem Jahre dürfte es, nachdem was ich gesehen, kaum viel mehr werden. Obgleich vom Februar bis zum Herbst, nahe 8 Monate, so gut wie gar kein Regen fällt und der Boden oben staubförmig trocken war, war er in einigen Zoll Tiefe dennoch, wo ich auch einbohrte, stets feucht wegen der kühlen feuchten Nächte und der aufsteigenden Untergrundsfeuchtigkeit in dem Thale.

Die Saatzeit der Rüben dauert von Anfang Februar bis Ende Mai, von 14 zu 14 Tagen werden die Samen eingelegt und in denselben Zeitabschnitten während der Campagne die Rüben geerntet. Noch später zu sähen wurde gleichfalls versucht, dies hat sich aber nicht bewährt, weil der Boden doch zu trocken wurde und die Pflanzen deshalb nicht aufkamen. Man hat auch mit Erfolg das Experiment gemacht, den Samen im November unterzubringen, derselbe hat nach Herrn Hamilton's Erzählung gut überwintert und die Rüben sind im Februar aufgegangen. Die Saat wird einen Zoll tief eingelegt, die Pflanzweite ist sehr eng. Anleitung giebt ein französischer landwirthschaftlicher Ober-Inspector, der denselben Rang einnimmt, wie Herr Wietzer in Norfolk (siehe weiter unten in diesem Bericht unter Nebraska).

Nach Hamilton eignen sich für Chino am besten Vilmorinrüben französischer Zucht, überhaupt begegnete ich bei ihm und Herrn Oxnard einer grösseren Vorliebe für französische als für deutsche Einrichtungen in der Zuckerfabrikation, was wohl auch damit zusammenhängt, dass die Herren fertig französisch, aber gar nicht deutsch sprechen. Ich fand im Gegentheil Klein-Wanzlebener Rüben, welche auch vorhanden waren, weit besser in Form und Fleisch entwickelt, als die rasch gewachsenen, massigen und wässrigen Vilmorinrüben.

Die Rüben erhalten meist drei Maschinen-Hacken, der Boden war dementsprechend leidlich frei von Unkraut; die Reife war nicht vollständig, aber doch selbstverständlich viel weiter vorgeschritten als bei uns im August.

Der Hauptbesitzer Herr Gird hatte mit der Fabrik 1890 einen längere Zeit laufenden Contract gemacht. Darnach hatte Herr Gird im ersten Jahre 2250, im zweiten 4000 Acker, und für die drei nächstfolgenden Jahre je 5000 Acker Rüben zu bauen. Ausserdem verpflichtete er sich, der Fabrik anfangs täglich 2 000 000, später 3 000 000 Gallonen Wasser zu liefern. Für Rüben von 12 % sollte er Doll. 3,50 für die Tonne und für jedes Procent Pol. mehr 25 cts. extra erhalten, wobei der Zucker im Saft bestimmt und durch Multiplication mit 0,95 auf Rüben umgerechnet wurde. Vom 1. Januar 1893 an erfolgt die Regulirung der Ueberprocente mit 40 statt vorher mit 25 cts.

Trotz dieses Zugeständnisses soll, wie in der ganzen Umgegend bekannt, Herr Gird bei diesem Contract ein sehr schlechtes Geschäft gemacht haben, und ist deshalb dazu übergegangen, das Land mit der Verpflichtung zum Rübenbau an mittellose kleine Leute parzellenweise meist gegen 25 % des Erntewerthes zu verpachten. Solche Leute scheint es in der That gelungen zu sein, in genügender Anzahl heranzuziehen, wenigstens sollen gegenwärtig 170 solcher Pächter vorhanden sein, welche jeder 10—40 Acker bearbeiten. Die Schule für die Kinder der Pächter, welche von der Fabrik eingerichtet wurde — vor Gründung der Fabrik existirte der Ort als solcher überhaupt nicht —, wird angeblich von 175 Kindern besucht. Die Ferien sind so gelegt, dass die Kinder verziehen und bei der Ernte helfen können, vielfach sah ich die Kleinen beim Rübenköpfen, wozu man auch die patentirte Rübenerntemaschine[1]) benutzte, beschäftigt. Frauen arbeiten auch hier nicht auf dem Felde. Kaufrüben von freien Leuten erhält die Fabrik hauptsächlich aus dem entfernten Anaheim, einer deutschen Colonie, welche näher am Ocean liegt, und von Bueno-Park; nach beiden Orten sind Eisenbahnen gebaut worden.

Die Ernte zu durchschnittlich 10 tons per Acker angenommen giebt bei einem Rübenpreis von 4,50 Doll. 45 Dollar Ertrag per Acker, wovon 11,25 Doll. an Herrn Gird abzugeben wären. Die Unkosten für Saatgut, Bestellung, Verziehen, Hacken sind kaum in Geld[2]) auszudrücken, da diese Arbeiten durch die Familien selbst besorgt werden. Sie werden von Herrn Hamilton zu 10 Doll. von anderen zu 16—19 Doll. geschätzt. Nehmen wir 16 Doll., so bleiben
$$45 - (11{,}25 + 16) = 45 - 27{,}25$$
gleich 17,75 Doll. Reinertrag. Da eine Familie im allgemeinen nur 20 Acker gut besorgen kann, so mag sie also 355 Doll. pro Jahr erübrigen, was in diesem Lande, wo man beim Vergleich mit europäischen Verhältnissen den Dollar manchmal der Mark gleichsetzen kann, in den Augen der Eingeborenen sehr wenig ist. Es ist demnach glaubhaft, wenn von anderer Seite versichert wurde, dass trotz der schlechten Zeiten für den Obstbau und andere Früchte, der Farmer mindestens 5 Doll. für die Tonne

---

[1]) Deutsches Reichspatent, Anmeld. 9575; vergl. Vereins-Zeitschrift 1893, S. 1106.

[2]) Es stehen mir zahlreiche detaillirte Anbaukostenberechnungen zur Verfügung, bei denen für die Pächter stets ein bedeutender Gewinn herausgerechnet wird. Ich unterlasse es aber absichtlich, dieselben hier wiederzugeben, weil eine Prüfung der Zahlen nicht vorgenommen werden kann.

Rüben haben müsse, wenn er sich auf den Rübenbau einlassen solle. Dabei wird mit einem Zinsfuss von 6½% auf ländliche Beleihungen gerechnet, zur Zeit als ich da war, war derselbe aber wesentlich höher.

Die Campagne dauert drei Monate, von Anfang August bis Ende November[1]), man rechnete auf 900 000 Ctr. Rüben. Die Fabrik soll eigentlich 14 000 Ctr. täglich verarbeiten, hat aber dies Quantum anfangs nicht erreicht und processirt deshalb mit der Maschinenfabrik, welche die Einrichtungen geliefert hat.

Die Fabrik hat drei 6 atmosphärige Kessel, welche mit Rohpetroleum in der in Amerika sehr verbreiteten Weise geheizt werden. Sie besitzt drei kleine deutsche Kalköfen!! wie sie auch den übrigen Fabriken derselben Gesellschaft dienen. Anscheinend bewähren sie sich nicht besonders, denn man krankte an den den Lesern hinlänglich bekannten Schwierigkeiten, welche im Kalkofen ihren Sitz haben! Der Coke, welcher beim Brennen zugesetzt wird, kommt aus nahen Gasanstalten und kostet angeblich 8 Dollar die Tonne; der Kalkstein soll gut aber schwer zu brennen sein. 150 Arbeiter sind in der Fabrik beschäftigt, welche nicht unter 2 Dollar Lohn pro Schicht erhalten.

Im schönsten Sonnenschein werden bei herrlichem Sommerwetter die Rüben auf trockenen und guten Wegen meist 4spännig mit unbeschlagenen frischen Pferdchen oder Maulthieren auf leichten vielfach sogar eleganten Gärtnerwagen zur Fabrik angefahren, die Kutscher in bunter Mexicanertracht, was einen malerischen Anblick gewährte. Die Rüben waren sehr rein, aber vielfach ganz welk, solche mit weniger als 10% Zucker werden zurückgewiesen. Hübsch eingerichtet ist das Rübenhaus mit Schwemme, die Wagen fahren zunächst eine unbedeckte steile Rampe hinan, Bedachung ist nicht nöthig, da es so selten regnet und auch an den heissesten Sommertagen niemals Fälle von Sonnenstich bei Thieren und Menschen beobachtet werden. Der Wagen ist vor dem Beladen mit einem einseitig befestigten Netze auskleidet worden. Indem dieses an der anderen Seite mittelst einer durch Seilbetrieb verstellbaren Zugvorrichtung gehoben wird, entleert sich der Inhalt in wenigen Minuten. Ein grosser Theil der Rüben wird aber auch direct mit der Bahn in das mehr als 100 000 Centner fassende Rübenhaus geführt. Das Betriebswasser liefern 30 artesische Brunnen, welche der Grundbesitzer Herr

---

[1]) Nach dem mir soeben während des Schreibens zugehenden „Chino Valley Champion" vom 17. November 1893, wurden glatt vom 31. Juli bis 4. November 52 000 tons Rüben, wovon 7300 tons aus Anaheim verarbeitet und daraus sollen 8 936 845 Pfd. Füllmasse gewonnen sein. Dies entspricht einer Füllmassen-Ausbeute von 16,2 auf Rüben, was sehr hoch erscheint; täglich sind 700 tons verarbeitet worden.

Gird auf seine Kosten angelegt hat. Die Fabrik ist aus Stein gebaut und macht einen recht imponirenden Eindruck neben den kleinen Arbeiterhütten, die nahe dabei liegen. Wie in allen amerikanischen Fabriken fällt der Mangel an Schutzvorrichtungen gegen Unfall auf. Für die Urwüchsigkeit der ländlichen Verhältnisse Californiens ist charakteristisch, dass weder für die Arbeiter noch für die Beamten Bedürfnissanstalten vorhanden sind.

Von der Schwemme transportirt eine Schnecke die Rüben zur Wäsche und der mit Dachrippenmessern arbeitenden Schnitzelmaschine. Zur Auslaugung dienen zwei langstehende Batterien von je neun Gefässen mit seitlicher Entleerung und vielleicht 45 hl Inhalt, es wurde nicht unter 120, ja bis 140 % Saftabzug gearbeitet. Hier waren drei Selwig und Lange'sche Schnitzelpressen vorhanden, weil Herr Gird es unternommen hat, die Schnitzel zur Mast von 1000 Ochsen zu verwenden. Trotzdem dieses geschieht, lagen aber grosse Mengen von Schnitzeln, schwach mit Erde bedeckt, in der Nähe der Fabrik in der Sonne, da sich keine Abnehmer finden, obgleich die Fabrik sie unentgeltlich abgiebt. Ein Strom dunkler Jauche fliesst von den Mieten aus über den Weg, eigentliche Fäulniss soll trotzdem nicht stattfinden sondern die Masse nur eintrocknen!

Für die Saftreinigung begnügte man sich mit zwei Kohlensäure-Saturationen, — die Alkalitäten waren ähnlich wie bei uns — und dampfte dann in einem Quadrupleeffet mit liegenden Apparaten ein. Zur Scheidung wurden 3 % Kalk verwendet, doch wurde, da die Pressen schlecht liefen, der Schlamm von der zweiten Saturation in die erste Presse zurückgenommen. Die Fabrik besitzt zwei lange Cisek-Filterpressen, eine für jede Saturation, wie es jetzt auch bei uns stellenweise beliebt ist.

Das Füllmassenhaus zeigte dieselbe einfache Anordnung wie in fast allen anderen amerikanischen Fabriken, die ich besuchte. Unmittelbar unter dem Vacuum befindet sich eine trogartige Maische mit Vertheiler, welche einen Sud fasst, bei Arbeit auf weissen Zucker wird 5—6 Stunden gerührt und dann in den unmittelbar unter dem Trog stehenden Centrifugen ausgeschleudert. Gegenwärtig aber wurde nur auf Füllmasse gearbeitet, welche die 2 Cent Prämie[1]) pro Pfund erhält, und direct nach der Raffinerie in S. Francisco geht. In dem Prämiensystem liegt ein Anreiz, so niedrig polarisirende Masse als möglich herzustellen, doch liegt ein Gegengewicht darin, dass die Raffinerie für die Minderpolarisation grössere Abzüge macht. Die Füllmasse sah nicht gut aus, wenn ich nicht gewusst hätte, dass es sich anders verhält, würde ich sie nach Farbe,

---

[1]) Nach dem Wortlaut der Mac Kinley-Bill würde dieser Füllmasse, als zwischen 80 und 90 polarisirend, nur eine Prämie von 1³/₄ Cent pro Pfund zustehen.

Korn und Syrupmenge für eine solche II. Products gehalten haben, der Aschengehalt ist wahrscheinlich recht hoch. Gegenüber dieser Beobachtung erscheinen die Saftpolarisationen von 20 und mehr Procent Zucker in recht trübem Lichte. Sie rühren offenbar nur daher, dass die Rüben so stark eingetrocknet waren, denn aus Rüben von so hoher Polarisatition müsste bei normalem Saftgehalt ein wesentlich besseres Product erhalten worden sein.

Früher hat man die Füllmasse in Fässern versandt, dabei aber manche Unbequemlichkeit besonders beim Ausfüllen empfunden, zur Zeit meines Besuches wurde sie deshalb in Papphülsen mit Holzboden ausgegossen, wie sie ähnlich hier zu Lande zum Transport von Obst dienen. Diese werden in der Raffinerie durch Einwerfen in heisses Wasser sowie Einblasen von Dampf abgelöst, die Pappe wird dann wieder benutzt.

Höchst gemüthlich war die Steuercontrole eingerichtet, die für die ganze Fabrik nur ein Mann besorgte. Er stempelte jedes Barrel ab, nachdem es in seiner Gegenwart gewogen war, und notirte die Zahlen. Der Raum, in welchem dieses stattfand, hatte mehrere Thüren, die alle weit offen standen, keine Umfriedigung war vorhanden, keine Controlvorrichtungen, um zu verhindern, dass Füllmasse wieder in die Fabrik zurückgeführt werde, alles war offenbar ganz anders als in europäischen Ländern auf die Ehrlichkeit des Fabrikanten basirt.

Nachdem ich die übliche Interview des Zeitungsreporters überstanden und noch Frau Gird in dem von herrlichem Park umgebenen Landhaus meine Aufwartung gemacht, verbrachte ich die Nacht in dem Wohnhause der Fabrik, welches Herr Hamilton, Dr. Portius und der französische Landwirth innehaben[1]); ein Chinese besorgte die Bedienung. Das Gespräch drehte sich ausschliesslich um die Zuckerprämie und um die Aussichten auf Erhaltung derselben. Es kann kein Zweifel obwalten, dass auch bei einem Rübenpreis von 5 Dollar die Fabrik bei der gegenwärtigen Prämie viel Geld verdient, denn bei einer Füllmassenbeute von wenig über 12 %, welche sicherlich bei den welken Rüben aber weit überschritten wird, würde die Prämie schon die Rüben vollständig bezahlt machen, an Unkosten bleiben also nur die Verarbeitungskosten übrig. Wenn aber die Prämie fällt, so meinte Herr Hamilton, falle selbstverständlich auch die amerikanische Rübenzuckerindustrie, bleibe sie bestehen, so beabsichtige seine Gesellschaft demnächst noch 2—3 grosse Fabriken im Chinothal aufzustellen.

---

[1]) Die Herren Frentzel, Schöller und Hecker nächtigten bei dem Grundbesitzer, wo, charakteristisch für die Landessitte, zwei in einem Doppelbett untergebracht waren. Die gastfreundlichen Amerikaner, welche dem Fremden zu Liebe sich geradezu aufopfern, finden dabei gar nichts, auch in den Hotels und in den Schlafwagen findet man es selbstverständlich, dass zwei Freunde das Bett theilen.

Besuch von Anaheim, den 12. August Nachmittag.

Im Laufe unseres Besuches in Chino hatten wir erfahren, dass unter den Rübenlieferanten in Anaheim grosse Unzufriedenheit herrsche, weil sie die Rübenpreise zu niedrig fänden, und dass dort sogar der Bau einer eigenen Fabrik geplant werde. In Folge dessen fassten wir auf der Rückreise nach Los Angeles, welche Tags darauf stattfand, den Entschluss, Anaheim noch einen Besuch abzustatten. Wir erreichten den Ort mit der Santa Fé-Route nach zweistündiger Fahrt durch fruchtbare Gefilde von Los Angeles aus.

Das Städtchen, welches 3600 Einwohner zählt, ist 1857 von deutschen Colonisten gegründet, nachdem eine Gesellschaft durch Anlage von Strassen und Berieselung aus dem Santa Ana-Fluss die Umgegend culturfähig gemacht hatte. Auch jetzt sind die Mehrzahl der Einwohner Deutsche, daneben viele Schweden. Bis vor kurzem wurde hauptsächlich Weinbau getrieben und die Anaheimer Süssweine erfreuten sich in den Kellereien von New-York des besten Rufes, doch vor einigen Jahren hat eine unbekannte Krankheit die Rebenfelder verwüstet; fernerhin sind in Folge der Ueberproduction die Californischen Weine im Preise so gesunken, dass Noth unter den Farmern ausgebrochen ist, die sie geneigt gemacht hat, sich auf den Rübenbau einzulassen. Ich bemerke hier, dass in Californien der Wein meist in der Ebene nicht etwa nur an Abhängen gebaut wird. Gegenwärtig waren in Anaheim 700 Acre mit Rüben bestellt, von welchen man 7500 tons[1]) Rüben nach Chino zu liefern hoffte. Die Luft war hier viel kühler als in Chino, da der Ort nur drei deutsche Meilen vom Weltmeer entfernt liegt.

In einem Leihstall besorgten wir uns ein Gefährt und machten uns selbständig ohne von Interessenten geführt zu sein, auf zu einer Fahrt durch die Rübenfelder. Wir passirten den Bahnhof der Southern-Pacific-Gesellschaft, welche gleichfalls eine Linie hier vorbeiführt — der Ort hat also zwei Eisenbahnen — und sahen hier wie die Rüben für Chino verladen wurden. Zwei Chemiker waren beschäftigt, Saftpolarisationen auszuführen und mit 95 zu multipliciren, ein Verfahren, welches sich in diesem Lande der welken Rüben nur damit entschuldigen lässt, dass man beabsichtigt, bei den Leuten Eifer für den Rübenbau durch scheinbar hohe Gehaltszahlen hervorzurufen. Gerecht ist der Modus sicherlich nicht, und wird deshalb mit der Zeit wohl auch üble Früchte tragen. Ein halb Dutzend Bauern umstand die Abnahmestelle, um misstrauisch die Wägung zu controliren und den Chemikern zuzuschauen. Auf unsere Fragen antworteten eifrig mehrere gleichzeitig, voll Stolz erzählten sie, dass Sie einen der Chemiker angestellt hätten und bezahlten. Auf die Frage, wie viel

---

[1]) 7300 tons sind wirklich geliefert worden. Vergl. weiter oben.

Rüben sie auf den Acker geerntet hätten, antwortete einer mit ächt californischer Uebertreibung, von jedem 40 tons (d. sind 500 Ctr. auf den preussischen Morgen). Die Rüben, Kleine Wanzlebener Zucht, welche angefahren wurden, sahen rein und gut aus. Wir erfuhren, dass die grösseren Besitzer hier höchstens 70 Acker, kleinere 10—30 Acker Rüben bauen. Die Rübenfelder, die wir darauf besahen, standen, abgesehen von Fehlstellen auf Neuland, wo zu spät gesät worden war, recht gut, besser als im Chinothal und an irgend einem anderen Platz in Amerika, den ich besucht habe. Hier sollen 10000 Acker guter Rübenboden vorhanden sein.

Wir versuchten darauf Farmer in ihren Wohnungen zu sprechen, hatten damit aber kein Glück, weil dieselben angeblich auf dem Felde waren. Doch täuschte uns unser Scharfsinn nicht, als wir in der Hoffnung dort die gewünschte Auskunft zu erhalten in ein Bierlokal oder richtiger eine sog. *bar* eintraten, in der ein zahlreiches ländliches Publicum versammelt war. Bald waren Herr Schöller und Herr Freutzel im eifrigen Gespräch mit einem Herrn, welcher sich als Rechtsanwalt und einer der Directoren der neu zu gründenden Zuckerfabrik vorstellte und sich gern nach Landessitte zu einem Trunk einladen liess. Auch der Wirth, der wie üblich uns unentgeltlich das erbetene Vesperbrod reichte, — denn in Californien ist die Sitte noch verbreiteter als im Osten, dass in solchen Localen nur das Getränk, und nicht der Imbiss bezahlt wird — und andere anwesende Gäste nahmen eifrig an der Conversation Theil.

Wir erfuhren, dass sich eine Gesellschaft mit 7 Directoren zu denen auch Herr Gird gehört, gebildet habe. Die Mitglieder dieser Gesellschaft besässen schuldenfrei 3000 Acker Land, auf welches man 400 000 Doll. leihen wolle, um die Fabrik zu bauen, 100 000 Doll., welche ausserdem nöthig seien, sollten anderweit beschafft werden, man hoffte, die Maschinenfabrik würde sie hergeben. Man habe bereits mit einer deutschen Fabrik unterhandelt und mit der Maschinenfabrik von Dyer in Cleveland, welche sich erboten habe für 365000 Doll. eine Fabrik für 6000 Ctr. tägliche Verarbeitung complet für die Arbeit auf granulated fertig zu stellen. Man rechne ferner auf ein Versprechen, welches ein Herr Kjelgarn als Repräsentant von Capitalisten aus New-York gegeben habe, das Geld zu beschaffen. Der Grund, warum man eine eigene Fabrik in Anaheim bauen wolle, liege in der hohen Fracht nach Chino, 0,85 Doll. für die Tonne, „die wollen wir selber verdienen", sagten mehrere Stimmen in englischer Sprache gleichzeitig. Während diese Scene, bei der ich mich passiv verhielt, und Herr Schöller das Wort führte, sich mit südlicher Lebendigkeit im Vordergrunde abwickelte, ertönte hinter mir plötzlich in deutscher Sprache eine Stimme: „Mein Name ist . . . . ." Ich bin Deutscher, wir können laut sprechen, von denen versteht uns keiner. Ich wollte Ihnen nur sagen, dass aus dem ganzen Project nun und nimmer etwas wird, keiner von den Betheiligten hat das nöthige Geld, Sie kriegen es auch nicht zusammen. Die Leute hier verdienen das Geld überhaupt viel zu bequem, als dass sie sich auf die Dauer mit dem mühsamen Rübenbau abgeben würden. Sie haben so schwere Arbeit nicht nöthig. Hier in Californien, wo man für den täglichen Unterhalt auf dem Lande wenig Geld braucht, da alles gut wächst, will jeder leichte Arbeit. Die Rebenkrankheit, es ist wahr, hat uns vielen Schaden gethan, aber sie ist überstanden, unsere Weine haben ihren alten guten Ruf behalten, deshalb haben viele letzthin den Weinbau wieder aufgenommen und stehen sich besser als beim Rübenbau." Bis jetzt scheint der Mann in sofern recht behalten, als keine weiteren Nachrichten eingetroffen sind, dass das Project in Anaheim von der Stelle gekommen sei.

Sehr befriedigt von dem Resultat dieser ganz auf eigene Faust unternommenen Expedition kehrten wir nach Los Angeles zurück, wo wir uns trennten, um erst in Grand Island in Nebraska wieder zusammenzustossen.

San Francisco.

In San Francisco stieg ich in dem schönen, zweckmässig eingerichteten Palace Hotel ab. Es würde mich aber zu weit führen, wenn ich dieses beste Gasthaus, in welchem ich je gewohnt habe, sowie die bergige Stadt mit ihren Kabelbahnen, dem Chinesenviertel, dem Hafen und der herrlichen Scenerie am goldenen Thor, wo das Ufer ein buntblühender Garten ist, und auf den Klippen unter den Augen des Beschauers die Seehunde sich tummeln näher beschreiben wollte. Ich war früh angekommen und begab mich erst zum deutschen Consul Rosenthal, an den ich amtlich empfohlen war und der mir bereitwillig eine Einführung an Herrn Claus Spreckels ausstellte. Von der californischen Rübenzuckerindustrie hatte er keine günstige Meinung. Wenn die Sache so gut sei, wie die Leute sagen, meinte er, warum bauen sie nicht mehr neue Fabriken. Ich wies darauf hin, dass der Finanzminister der Vereinigten Staaten die Production für 1893/94 nach dem damals ausgekommenen Voranschlag auf 42 Mill. Pfund Zucker für Californien schätze, nämlich 18 Mill. für Chino, 4 Mill. für Alvarado, 20 Mill. für Watsonville, was doch schon ein recht bedeutendes Quantum vorstelle. Der Consul belehrte mich, dass diese Zahlen lediglich auf Angaben der Interessenten beruhen, welche regelmässig viel zu hoch greifen, um sicher zu sein, dass auch eine genügende Summe für die Prämie in dem Etat eingestellt würde, es sei aber nicht daran zu denken und es habe sich auch in den Vorjahren gezeigt, dass diese Schätzung niemals in Wirklichkeit erreicht werde. Eine Vermehrung der Production stände in nächster Zeit nicht in Aussicht, es würde also bei etwas mehr als der Hälfte von den geschätzten 42 Mill. Pfund bleiben. — Bei dieser Gelegenheit ermahnte mich der Consul Zahlen, die mir in Amerika und speziell in Californien von Interessenten geboten wurden, sehr kritisch zu betrachten, da leider die Unsitte eingerissen sei, ins Ungemessene zu übertreiben. Ich dankte dem Consul für diesen guten Rath, den ich mich bemüht habe zu beherzigen und begab mich aldann nach dem in der Hauptstrasse gelegenen Comtoir der Zuckerraffinerie, um den

Besuch bei Herrn Spreckels und Herrn Oxnard am 13. August

auszuführen.

In dem Zimmer, in welchem Herr Claus Spreckels seine Geschäfte wahrnimmt, hat auch Herr Robert Oxnard, der zweite Director des Unternehmens, seinen Schreibtisch. Beide Herren waren anwesend, Herr Oxnard, sehr jung und elegant, hat nichts amerikanisches in Wesen und Manieren, sondern man würde ihn eher für einen Franzosen halten, um so mehr, da ihm das Französische, was in Amerika bei Geschäftsleuten nicht eben häufig, sehr geläufig ist, während er hingegen deutsch gar nicht versteht. Herr Claus Spreckels hingegen ist vierschrötig von Figur, das Auge fest und klar, dabei zeigt das Wesen des alten Herrn die Frische der Jugend. „Setzen Sie doch Ihren Hut auf", sagte er zu mir auf deutsch, „sonst muss ich meinen auch abnehmen und das thut man in Amerika nicht gern, wie Sie wohl schon wissen." Nachdem ich ihm kurz Zweck und bisherige Erlebnisse meiner Reise erzählt, fragte ich ihn in der Manier eines amerikanischen Reporters, was er über die Zukunft der californischen Rübenzuckerindustrie denke. Seine Antwort war kurz und bündig. „Ich glaube nicht an eine rasche Entwickelung der Rübenzuckerindustrie in Californien, weil die ganze Instandsetzung derselben zu theuer, hier im Lande ist dafür kein Kapital vorhanden. Ich z. B. habe eine besondere Bahn in Watsonville bauen müssen, welche die Anlage sehr vertheuert." Das Gespräch kam dann auf die Arbeiterfrage. Claus Spreckels erzählte mir, dass er die Arbeit des Verziehens dadurch zu verringern bemüht sei, dass in jedes Loch nur ein Samenkorn ausgelegt werde, was man bei gutem Samen wagen dürfe. Auch sonst bemühe man sich, möglichst billig zu arbeiten, selbstverständlich ohne Knochenkohle. Hier begann er englisch zu sprechen und erzählte seinen beiden hinzugekommenen Söhnen und Herrn Oxnard lachend, dass es merkwürdigerweise in Deutschland noch eine ganze Anzahl Rohzuckerfabriken gebe, die mit der theuren Knochenkohle arbeiten, was die Zuhörer gleichfalls zur Heiterkeit veranlasste.

Auf meine Bitte stattete mich Herr Claus Spreckels darauf mit

Empfehlungen an seine eigene Fabrik in Watsonville und die Alamede-Gesellschaft in Alvarado aus, ebenso sagte er mir zu, dass ich an einem der folgenden Tage die Raffinerie in S. Francisco besichtigen könne. Auf das angeschlagene Thema, betreffend die Aussichten der Rübenzuckerindustrie kam er aber bei diesem und auch bei einem späteren kurzen Gespräch nicht mehr zurück. Viel eingehender als mit ihm hatte ich Gelegenheit, mich mit seinem Compagnon Herrn Robert Oxnard zu unterhalten. Derselbe hatte die Freundlichkeit, mich für die Dauer meines Aufenthalts in S. Francisco im Union- Pacific-Club einzuführen, in welchem er und Claus Spreckels nach amerikanischer Sitte um 12 Uhr zu frühstücken pflegen. Herr Oxnard hegt kurz gesagt günstige Erwartungen bezüglich der zukünftigen Entwickelung der Rübenzuckerindustrie in Californien, nicht aber, oder doch lange nicht im selben Maasse, in Bezug auf Nebraska. Ausserdem unterhielten wir uns eingehend über die amerikanische Raffineriearbeit, worauf ich an geeigneter Stelle zurück komme.

Besuch von Alvarado am 17. August.

Die Zuckerfabrik Alvarado ist von San Francisco in knapp 1¹/₂ Stunden zu erreichen, man setzt zunächst mit dem Fährboot über die Bay von San Francisco nach Oakland über, fährt dann durch die liebliche Gartenstadt Alameda, in welcher die reichen Geschäftsleute von San Francisco ihre Sommerwohnungen haben, dann durch bald fruchtbare Gründe, bald bergige Gefilde bis Alvarado.

Hier war ich auf's angenehmste überrascht in dem Director Herrn Burr einen hochgebildeten Chemiker kennen zu lernen, einen Schüler von Liebig, Altersgenossen von Wichelhaus und Wislicenus und Freund des heimgegangenen unvergesslichen A. W. Hofmann. Herr Burr hat viele Jahre lang die Stelle eines technischen Directors in einer Raffinerie des Herrn Claus Spreckels eingenommen, bis dieselbe mit der Bildung des Trust's den Betrieb einstellte.

Die Fabrik in Alvarado hat, wie eingangs erwähnt, bereits eine Geschichte, sie ist 1870 gebaut, machte 1874 zum ersten Mal bankerott, die Maschinen wurden nach der Umgegend von Santa Cruz verkauft. 1875 kaufte man dafür die Einrichtung der gleichfalls in der Zwischenzeit gegründeten und bankerott gegangenen Fabrik in dem nahen Sacramento für 40 000 Dollar und die Fabrik war nun bis 1887 thätig, wo die Gesellschaft wieder betriebsunfähig wurde. Seit drei Jahren ist sie in Folge der Mac Kinley-Bill von einer neuen Gesellschaft, die die alten Einrichtungen billig gekauft hat, der Alameda Co. unter Director Burr wieder in Thätigkeit. Die Fabrik hatte bei der Reorganisation der Gesellschaft 1889 eine Betriebsfähigkeit von nur 1800 Centner, ist aber mit Aufwendung geringer Mittel durch zweckmässige Aenderungen vom jetzigen Director auf 4000 Centner gebracht worden. Die Fabrik hat grosse Schwierigkeiten gute Rüben zu erhalten, da sie kein eigenes Land besitzt und bezüglich der Kaufrüben der eigensinnigen Landbevölkerung keine Vorschriften machen kann. So wie der Preis der Kartoffeln auf 2 Cent das Pfund steigt, lassen manche den Rübenbau im Stich. Gute Rüben kommen aus der Nähe von San José, wo bei ungeheuerer Grösse und 5—6 Kilo Gewicht der Zuckergehalt gross, der Salzgehalt gering ist; aus der Nähe von Alvarado geht viel schlechteres Material in die Fabrik. Die Rübencultur wird hier von Farmern portugiesischer Abstammung mit sehr wenig Verständniss betrieben. Früher haben sie Chinesen zur Rübenarbeit benutzt, die dieselbe gegen festen Contract übernahmen, nun aber zu dieser Arbeit nicht mehr zu bewegen sind, weil sie sich von den Portugiesen für übervortheilt halten. Meist waren die Rüben, die ich auf unserer Rundfahrt sah, schlecht im Stande, schlecht verzogen und nicht gehackt, gut waren nur 10 Acker, welche eine Familie allein besorgte. Der Boden ist dem von Chino ähnlich, doch viel tiefgründiger und härter, deshalb wäre Hacken hier dringend nöthig. Zuweilen ist er „alkalireich", das heisst stark salz- und magnesiahaltig, was hier zu Riesenrüben führt. Ungünstig ist, dass im Frühjahr regelmässig Ueberschwemmungen der Rübenfelder statt haben, die die Cultur verzögern. Die Randrüben sind meist colossal entwickelt und schlecht, weil sie mehr Salz in der Erde zur Verfügung haben als die aus der Mitte des Feldes, doch nimmt erstere Rüben die Fabrik neuerdings falls sie unter 12 % Zucker haben nicht ab. Die Saatzeit sucht man so zeitig wie möglich zu nehmen, wegen der Nässe ist es aber oft nicht möglich vor Mai den Samen unterzubringen, dann kommen aber oft, wenn auch vielleicht nicht ganz so schlimm als in Nebraska, trockene Winde, die alles, Samen, Pflanzen und Erde, davon tragen. Darauf folgt ähnlich wie in Chino eine Trockenperiode, in der so gut wie kein Regen fällt bis zum November. In der Nähe der Fabrik hatte Herr Burr ein Versuchsfeld zur Prüfung verschiedener Samensorten angelegt; die Klein-Wanzleber Rübe war hier nicht so gut entwickelt als eine rothe, der Dippe'schen ähnliche, von französischem Samen, dessen Ursprung man mir nicht angeben konnte, augenscheinlich war es eine Nachzucht der rothen Vilmorinrübe. Auffallend ist in diesem Theil Californiens im Vergleich zum Süden, dass alle Felder mit Rücksicht auf die kostbaren Obstplantagen mit starken Bretterzäunen eingefasst sind. Unter den Obstbäumen werden übrigens auf Claus Spreckels Rath von einigen Farmern auch Rüben gebaut, ein Verfahren, was weder zu zuckerreichen Rüben führen, noch den Obst-, hier zumeist Pfirsichbäumen sonderlich zuträglich sein dürfte.

Gutes Rübenland ist in der Umgegend von Alvarado reichlich vorhanden, weniger aber die Neigung Rüben zu bauen. Einer der reichsten Besitzer zum Beispiel behauptet noch immer, dass Rüben das Land verdorben und bleibt beim Weizenbau.

Die Fabrik machte auf mich einen curiosen Eindruck, da die Gebäude ganz aus Holz sind, selbst das Kesselhaus, es ist zum Verwundern, dass besonders das letztere noch nicht abgebrannt ist.

. Die Rüben lagern in einem mächtigen Schuppen durch welche die Schwemme hindurchgeht. Sie halten sich hier an der Luft sehr lange ohne zu faulen, sie trocknen nur ein, wie die todten Thiere in Arizona. Es waren sogar noch einige Rüben aus der vergangenen Campagne eingetrocknet, aber sonst noch gut erhalten vorhanden. Welch' ein Ort, um Versuche betreffs des Sauerstoffbedürfnisses der Rübe für die Athmung anzustellen! An ein Einmieten der Rüben könnte hier wegen der Schwierigkeit der Bedeckung in dem warmen Klima nicht gedacht werden. In der Rübenschwemme wird das Wasser mehrfach wieder benutzt. Die Fabrik hat übrigens einen Abwasserprocess mit den Nachbarn, weil angeblich die Obstbäume beim Bewässern aus den verunreinigten Bachläufen leiden sollen, bis jetzt hat sich aber die Fabrik der Verurtheilung dadurch entziehen können, dass sie sich gutwillig gezeigt hat und Reinigungsversuche macht. Natürlich sind auch hier, wie überall in amerikanischen Fabriken die mechanischen Transportvorrichtungen sehr gut durchgeführt, um die theure Handarbeit zu sparen. Der Lohn beträgt durchschnittlich 2 Doll. für den Mann, die Unkosten früher 12 jetzt 9 Doll. per Tonne Rüben. Die Tonne Kohlen kostet 9,50 Doll., während sie in Chino rechnen, dass sie mit dem Rohöl den Heizeffect einer Tonne Kohlen für 9 Doll. erzielen, also mit dem Brennmaterial etwas billiger wegkommen. Die aus Sacramento übernommene alte Diffusionsbatterie ist von der Braunschweigischen Maschinenbauanstalt gebaut, uralt sind auch die Filterpressen, Vor-Dehne'sche ohne „automatischen Fall" noch mit Blechunterlage. Die Scheidepfannen sind rund und klein, nicht so ungewöhnlich in die Höhe getrieben wie z. B. in Norfolk. Mit schwefliger Säure wird saturirt, aber ziemlich kalt, Knochenkohle wird nicht gebraucht. Die Verdampfung geschieht in einem Quadrupleeffet von liegenden Apparaten, das Vacuum ist wie in den amerikanischen Raffinerien mit ausserordentlicher Heizfläche und sehr kräftiger Pumpe ausgestattet. Die Fabrik arbeitet nur auf weissen Zucker, da sie mit dem Trust keine Verbindung hat und deshalb den Rohzucker nicht verkaufen kann. Wie fast überall in Amerika, steht die offene trogartige Sudmaische direct unter dem Vacuum und über den Centrifugen. Man erzeugte ein feines unregelmässiges Korn, da gröberes, ebenso wie gleichmässig abgesiebtes, oder gar gemahlenes ganz und gar unverkäuflich sei. Das Abdecken geschieht in kleinen Centrifugen zunächst mit einer Dicksaftdecke (das Verfahren Drost und Schultz war dem Director auch dem Namen nach unbekannt) darauf mit fein zerstäubtem Wasser. Das zweite Product, welches noch ungeschleudert ganz wie bei uns zu Lande zur Zeit meines Besuches unter Steuerverschluss lagerte, wird in den Saft wieder eingeworfen, da wie erwähnt kein directer Markt dafür vorhanden ist. Interessant war es mir zu hören, dass der Director auf Veranlassung seines Aufsichtsrathes sich zu Versuchen mit der Magnesiascheidung hatte verstehen müssen, weil ein ehemaliger deutscher Zuckerfabrikdirector in Aussicht gestellt hatte, den Quotienten durch Behandlung des Saftes mit $^1/_2$ % Magnesia, schwefliger Säure und nachfolgender Kalkscheidung von 80 auf 95 zu erhöhen!!! Das war weder hier noch in Watsonville, wo Claus Spreckels ähnliche Versuche unternommen hatte, geglückt und zur Zeit meiner Besuche wurden auf den Sandwichinseln Versuche gemacht, um die Magnesiascheidung in der Rohrzuckerfabrikation einzuführen!

Im Laboratorium befand sich eine Suckow'sche Mühle und alle Einrichtungen zu den Methoden der directen Zuckerbestimmung in der Rübe, man merkte eben den Einfluss des Schülers Liebigs. Der Laurent'sche Polarisationsapparat hat bereits seit Jahrzehnten die Spiegelbeleuchtung von der Lampe aus, welche Schmidt und Hänsch in neuester Zeit an ihren Instrumenten anbringen.

Burr beurtheilte die Lage der californischen Zuckerindustrie recht nüchtern, es sei noch sehr viel zu thun, bevor es zu einer raschen Entwickelung kommen könne, und die Unsicherheit der Erhaltung der Prämie, mit der selbstverständlich die ganze Industrie stehe und falle, wirke lähmend auf den Unternehmungsgeist. Unmöglich sei eine rasche Entwickelung in Californien zwar nicht, aber er glaube nicht daran, noch weniger aber halte er eine solche in Nebraska für wahrscheinlich, weil dort die klimatischen Verhältnisse für den Rübenbau weit ungünstiger seien, als in Californien.

Herr Burr sandte mir später freundlichst zur Veröffentlichung statistische Angaben über die Zuckerfabrik in Alvarado in den Jahren 1889, 1890, 1891, 1892 und Schätzungen für 1893, welche ich hier folgen lasse.

Zuckerfabrik in Alvarado:

	1889	1890	1891	1892	Vermuthl. 1893
Mit Rüben bepflanzte Fläche Acker[1])	959	1320	949	1376	—
Rüben, geerntet, in Tons[2])	9224	13298	10941	15000[3])	15090
Tons per Acker	9,6	10,1	11,5	11,0[3])	—
Zucker in den Rüben	14 %[4])	14,3 %[5])	12 %[5])	12.68%[5])	12,53% gegenwärt. am 23. August

[1]) 1 Acker = 0,4 ha. [2]) Ton = 906 kg. [3]) bedeutet geschätzt. [4]) aus Saftpolarisation mal 0,95 %. [5]) Alcoholpolarisation.

	1889	1890	1891	1892	1893
Saft-Quotient	81,8	87,8	80,0	81,5	80,8
Kohlenverbrauch auf die Tonne Rüben	29,33 %	27,06 %	18,9 %	17,5 %	16,16 %
Kalkstein auf die Tonne Rüben...	10 %	9 %	8,7 %	6,9 %	6,65 %
Coke „ „ „ „ ...	1,29 %	0,80 %	1,25 %	0,74 %	0,85 % gegenwärt. am 23.August
Kosten der Kohle auf die Tonne Rüben	$ 1,967	$ 2,191			
Kalkstein und Coke	$ 0,474	$ 0,287	$ 2,304	$ 4,50³)	$ 4,322³)
Andere Hilfsmittel	$ 0,373	$ 0,488			
Lohn⁶)	$ 3,013⁷)	$ 2,112⁷)	$ 1,486⁷)		
Andere Ausgaben⁸)	$ 0,744	$ 0,956	$ 1,003		
Rüben per Tonne	$ 4,541	$ 4,501	$ 5,006	$ 5,00	
Gesammtkosten	$ 11,112	$ 10,535	$ 9,799	$ 9,50	$ 9,322³)
Ausbeute an reinem Zucker nach 1000	9,45 %⁹)	10,55 %⁹)	8,14 %¹¹)	9,00%	8,38%³)
Kosten auf das Pfund	$ 0,0587½	$ 0,05	$ 0,0561	$ 0,5777 am 23. August	
Verkaufspreis	$ 0,0625	$ 0,05375	$ 0,0684¹⁰)	$ 0,07625¹⁰) am 23. August	

Kosten der Kohlen gewöhnlich.	7—8 Doll. die schwere Tonne von 2240 Pfd. engl.
1893:	6,50 Doll.
englischer Coke	12—16 Dollar die schwere Tonne.
Kalkstein	2,50—3 Doll. die leichte Tonne von 2000 Pfd.
Gewöhnlicher Lohnsatz für Tagearbeiten	35 cent die Stunde.
Zimmerleute	3,50—4 Dollar für 8stündigen Arbeitstag.

Zucker in den Rüben (Alkoholpolarisation) 1892:
September 12.68; October 12.45; 13,55; 12,81; 12,30; im Campagnedurchschnitt 12,53.

Bei Betrachtung dieser Angaben sieht man, dass die Fabrik in Folge der Prämie in letzter Zeit nicht unbedeutende Ueberschüsse eingeheimst hat, dass aber ohne diese Prämie der Gewinn nur ein minimaler wäre. Mit der gegenwärtigen Prämie kann die Fabrik demnach sehr gut auskommen, ohne jegliche würde sie vermuthlich alsbald zum dritten Mal die Arbeit einstellen müssen.

Besuch von Watsonville am 18. August 1893.

Von Alvarado fuhr ich nach Santa-Cruz, einem herrlich am stillen Ocean gelegenen Seebad, in welchem ich die Nacht verbrachte. Auf der Reise dahin, welche durch üppig bewaldete Berge und Thäler führte, passirte ich auch die Station „big tree's", so benannt nach den Baumriesen von Rothholz, welche sie umgeben und von denen einer 300 Fuss hoch ist und 60 Fuss Durchmesser hat, die aber nicht zu

---

⁶) Kosten auf das Jahr. ⁷) Schliesst die Kosten von Aenderungen in der Fabrik im Laufe des Jahres ein. ⁸) Schliesst Verpackung, Versicherung, Steuern und alle anderen Ausgaben ein. ⁹) Schliesst das 3. Product des Jahres nicht ein. Im Jahre 1891 wurde ein grosser Theil des 3. Products der 2-Cent-Prämie noch nicht theilhaftig. ¹⁰) Inclusive der Prämie von 2 Cent auf das Pfund.

verwechseln sind mit den bekannten Mammuthbäumen. Störend wirkt auf den Europäer auch hier ein, dass der herrliche Wald vielfach durch Feuer zerstört ist. Watsonville selbst, welches ich am folgenden Tage in der Frühe erreichte, ist, wie so viele californische Orte, ein grosser Obstgarten. Ein gleichmässiges und dabei nicht verweichlichendes Clima begünstigt hier das Pflanzenwachsthum, wie selbst kaum an anderen Plätzen Californiens. Der Temperaturunterschied zwischen dem wärmsten und kältesten Tage (13,5 bezw. 18 ⁰ C.) beträgt nur $5^1/_2$ ⁰ C. Die besten Aepfel in der Union wachsen hier, ferner Pflaumen, Oliven, Kirschen, Pfirsiche, Tafeltrauben, die am spätesten auf den Markt in S. Francisco kommen, Apricosen, Erdbeeren, Himbeeren und alle denkbaren anderen Früchte sind in Unmengen vorhanden. Aber auf dem Gebiet des Obstbaues herrschte gegenwärtig Ueberproduction. Ungefähr $^1/_4$ des Obstes soll keinen Markt gefunden haben, und manche deshalb die Kosten gescheut haben, es vom Baume zu holen, demgemäss sind auch die zahlreichen Kostenberechnungen über den Obstbau, bei denen jedesmal ein enormer Gewinn herausgerechnet wird, misstrauisch zu betrachten, selbst wenn sie in officiellen Publicationen dargeboten werden.

In Watsonville befindet sich eine bedeutende Obstbaumschule, welche 1866 mit zum Theil aus Frankreich direct bezogenem Stammmaterial gegründet wurde; bemerkenswerth ist, dass viele Obstarten insbesondere auch die kleineren Früchte, wie Erdbeeren, Himbeeren und ähnliche hier ohne Rieselung gezogen werden.

Die Rübenculturverhältnisse sind denen in Alvarado ziemlich ähnlich, vielleicht etwas besser, da das Ansehen, welches Claus Spreckels geniesst, manchen zum Rübenbau veranlassen mag. Doch erhalten auch hier die freien Bauern, welche zumeist nicht mehr als 50—60 Acker besitzen, von der Fabrik keine beschränkenden Vorschriften, sie bauen gleichfalls rothe französische Sorten. Der Boden, welchen ich sah, war tiefgründiger schwarzer Schlemmboden, zum Theil stark klumpend, demgemäss waren auch einige sehr schlechte, lückenhafte und unregelmässig reifende Breiten vorhanden. Die Pflanzzeit erstreckt sich hier ähnlich wie in Chino sehr lange hin, vom Februar bis 1. Juni, die Campagne beginnt später als in Chino, am 1. September, da die nördlichere Lage und der Einfluss des nahen Meeres die Reife verzögert. Die später gepflanzten Rüben werden in der Regel auch später verarbeitet, auch hier fällt 8 Monate so gut wie kein Regen. Man baut, wie schon erwähnt, die Rüben auch zwischen Obstbäumen und spart an Saat durch Einbringen nur eines Knäuels in jedes Saatbeet. Man versuchte auch die Schnitzel als Futter zu verwerthen, doch sieht es wie in ganz Californien misslich genug damit aus, da das Land eben zur Stallviehwirthschaft noch nicht reif, und ein fetter wohlschmeckender Ochse vom Weideland nur 60 Doll. werth ist.

Die Fabrik hat ein ungeheueres hoch eingezäuntes Terrain inne, an den Eingängen ist gross angeschrieben: „Unter keinen Umständen ist der Eintritt gestattet, fragen Sie nicht erst darnach."

Mit meinem Schreiben des Herrn Claus Spreckels durchschritt ich trotzdem den weiten Hofraum, in welchem Stendal, Culmsee und Opalinitza zusammen untergebracht werden könnten, und begab mich zu dem Director, einem alten Raffineriepractiker, der die Fabrik mit zahlreichen trefflich durchdachten mechanischen Transportvorrichtungen versehen hat. Zunächst fallen drei ungeheure Rübenschuppen, in welchen die Schwemmrinnen laufen, in die Augen, welche so sehr lang angelegt sind „um Arbeit zu sparen", drei artesische Brunnen liefern das Betriebswasser. Man baute gerade ein kleines Hubrad, mit welchem Blätter und Wurzeln abgefangen werden sollen. Die Maschinen der Fabrik sind fast ausschliesslich von der Fabrik in Grevenbroich gebaut, es findet sich die bei uns übliche Kammernwäsche, zwei Diffusions-Batterien von je zwölf kleinen Gefässen von vielleicht 25—30 Hectoliter Inhalt, auch 2 Quadrupleeffets, selbst eine doppelte Ausrüstung von Vacua's. Betreffs des Betriebes ist bemerkenswerth, dass keine schweflig Säure-Saturation vorgenommen wird, „da die schlimmen Folgen desselben gefürchtet werden". Auffallend ist, dass hier wie in Chino wieder drei kleine deutsche Kalköfen vorhanden sind, wie in Alvarado in einer hölzernen Umhausung. Auch das Fabrikgebäude ist aus Holz errichtet. Die Fabrik arbeitet mit Ausscheidung und stellt, um die Prämie auszunützen mit Hülfe derselben nur Zucker von 89—91 Pol. her. Es wird also überhaupt kein Erstproduct gewonnen, woraus, da nur eigene Melasse zur Verarbeitung gelangt, auf recht schlechte Rüben zu schliessen ist. Zur Ausübung der Ausscheidung fehlt es oft an genügend kaltem Wasser, man hilft sich, indem man die Zuckerlösung[1]) etwas concentrirter nimmt und mehr Kalk anwendet.

Die Einrichtung des Laboratoriums ist äusserst unzulänglich, die Chemie scheint hier nicht sonderlich geschätzt zu werden. Ein Rad, welches an der Peripherie dreikantige Messer trägt, soll zur Analyse den sechsten Theil der Rüben in der Längsrichtung ausschneiden. Es liegt auf der Hand, dass auf diese Weise keine Durchschnittsproben zu gewinnen sind, da der Schnitt bei kleinen Rüben über den Längsdurchmesser herausgreift, bei grossen ihn nicht erreicht. Mit den Proben wird die Saftpolarisation

---

[1]) Hierzu bemerke ich, dass Herr Dr. Stammer mich einige Zeit vor seinem Tode bat, festzustellen ob das Ausscheidungsverfahren nicht auch in grösserer Concentration der Zuckerlösung, als die übliche durchführbar sei. Er zweifle nicht, dass dies gehen müsse, das Verfahren sei überhaupt vom Erfinder durchaus mangelhaft durchgearbeitet der Praxis übergeben worden. Andere dringende Arbeiten haben mich bisher gehindert diesen Gedanken des Entschlafenen zu verfolgen.

vorgenommen, und mit 0,95 multiplicirt. — Obgleich die Fabrik so stattlich dasteht und sie den Leuten durch ihre Grösse imponirt, glaube ich nicht, dass sie billiger arbeitet, als die kleine, alte Fabrik in Alvarado. Um Zahlen habe ich an diesem Ort nicht gebeten, sie wären auch nicht massgebend, da durch den Bau von Eisenbahnen das riesige Rübenhaus [1]) und die Ausscheidung, die Fabrik verhältnissmässig sehr theuer ist.

Der allgemeine Eindruck, den ich von der californischen Rübenzuckerindustrie mit hinweggenommen habe, ist der, dass zwar die Rüben in dem Lande sehr gut gedeihen können, dass es aber in dem herrlichen Klima, welches die menschliche Energie erschlaffen lässt, vorläufig, wie auch der Ackerbauminister Herr Morton mir gegenüber hervorhob (vergl. Beschreibung des Besuchs bei ihm weiter unten unter Nebraska) an Menschen fehlt, welche ausser etwa durch ungewöhnlich hohen Gewinn sich zu der mühsamen Arbeit des Rübenbaus verstehen. Die drei Fabriken leben von der Prämie und würden mit derselben fallen, selbst die hohe Prämie bildet aber gegenwärtig kaum genügenden Anreiz zum Bau weiterer Fabriken. Der Grund liegt darin, dass erstens zur Zeit der Unternehmungsgeist und Kapital fehlte und zweitens in der Unsicherheit, welche man wegen des Fortbestehens der Prämie empfindet. Sollte diese Unsicherheit beseitigt werden, so wäre es, falls die allgemeine geschäftliche Lage sich bessert, wohl möglich, dass in naher Zeit noch ein halbes Dutzend grosse Fabriken gebaut würden, um so mehr, als bezüglich des Obst- und Weinbaus Ueberproduction bereits besteht und derselbe in den nächsten Jahren immer weniger lohnend werden mag. Damit, so sollte man annehmen, müsste die Neigung der Farmer zum Rübenbau überzugehen wachsen. In Amerika, dem Lande der Ueberraschungen mag es auch wohl möglich sein, dass in naher Zeit — wenn die Prämie erhalten bleibt — kapitalkräftige Gesellschaften entstehen, welche Rübenzuckerfabriken errichten und es kann kein Zweifel sein, dass als Standort für derartige Fabriken für die nächste Zeit Californien immer in erster Linie in Betracht kommen wird. Haben wir deshalb alle Veranlassung die weitere Entwickelung der Verhältnisse dort aufmerksam zu betrachten, so ist doch anderseits Gewicht darauf zu legen, dass alle unabhängigen Kenner der Verhältnisse des Landes, welche ich drüben gesprochen, in erster Linie nenne ich den Ackerbauminister der

---

[1]) Bei dieser Gelegenheit möchte ich darauf aufmerksam machen, dass die Zahlen, welche der kaufmännische Director der Fabrik Herrn Prof. Paasche für 1888/89 gegeben hat, nicht genau mit denen übereinstimmen, welche die Fabrik auf Ersuchen an das Departement of Agriculture gegeben hat, man vergleiche diese Zeitschrift 1893, Seite 825 und Wiley's Bulletin 27, S. 209. Man kann daraus wieder ersehen, dass derartige Zahlenangaben sehr kritisch betrachtet werden müssen.

Vereinigten Staaten Herrn Morton (vergleiche weiter unten in diesem Bericht), der deutsche Consul in San Francisco, ferner auch Herrn Mathiesson, der Director der Sugar Refining Co., ja selbst Interessenten wie Herr Claus Spreckels und Herr Director Burr in Alvarado an eine rasche Entwickelung der Rübenzuckerindustrie in Californien selbst unter dem Schutz der enormen Prämie, welche dem Fabrikanten die Rüben fast allein bezahlt macht, nicht glauben.

Die Rübenzuckerfabrik zu Lehi im Mormonenland, 22. August 1893.

Von San Francisco fuhr ich in etwa 60 stündiger Fahrt nach Lehi, einem kleinen Ort von nur 3500 Einwohnern, wovon 3000 Mormonen in Utah. Lehi liegt nur eine Eisenbahnstunde von Saltlake City entfernt. Hohe Berge schliessen das friedliche Thal ein, auf welches ähnlich wie in Californien 6 Monate im Jahre ununterbrochen des Tages der blaue Himmel lacht, denn so lange fällt gewöhnlich kein Regen. In Folge dessen ist hier die Bewirthschaftung der Felder nur mit Hülfe von Berieselung möglich, auch die Zuckerrüben werden künstlich bewässert.

In Alvarado hatte mir Herr Director Burr Empfehlungen an die Fabrik von dort lebenden Mormonen verschafft, welche ich dem Director Herrn Cutter und dem Betriebsführer übergab. Letzterer ist in Alvarado geboren, hat schon als Knabe Rüben verzogen und erzählte mit berechtigtem Stolz, wie er vom Fabrikjungen zu seiniger jetzigen Stellung aufgerückt sei. Die Fabrik hat in dieser Campagne 3347 Acker Rüben zur Verfügung, welche bis auf 400 Acker eigenes Land von lauter kleinen Leuten, die höchstens 30 Acker bauen, geliefert werden. Zahlreiche artesische Brunnen liefern das Wasser zur Berieselung des fruchtbaren Schwemmbodens, welcher sehr reich an Phosphorsäure aber arm an Stickstoff sein soll. Ende Juli oder Anfang August wird den Farmern das Wasser knapp, was für die Entwickelung der Rüben ein Glück ist, denn die Bauern lassen sich nicht abhalten, weiter zu rieseln, so lange es angeht. Leider kommen aber im August manchmal schon Regenfälle, die der Fabrikdirector fürchtete, weil sie die Reife zu sehr verzögern.

Die Saatzeit legt man möglichst früh, am liebsten Mitte April, doch kommt oft Mitte Mai heran. Die Rüben werden ziemlich weit gedrillt, beim Verziehen sehr dicht stehen gelassen und dann in Reihen gehäufelt, um Furchen für das Rieselwasser zu gewinnen, so dass das Feld ausschaut wie ein Futterrübenfeld. Auch hier werden keine Vorschriften für die Cultur ausgegeben, die Fabrik beschränkt sich darauf, den Samen zu liefern, welcher wie in Californien zumeist französischer,

Deprez'scher, ist. Doch war auch ein Versuchsfeld mit recht gut entwickelten Klein-Wanzlebener Originalrüben vorhanden. Die Rüben waren schon recht gross und standen auch auf den Feldern, die wir befuhren, dicht und ohne Lücken, dennoch rechnete man durchschnittlich hier nur auf 9 tons, im Einzelfalle auf höchstens 15 tons per Acker. Der Preis beträgt 5 Doll.[1]) die ton, Angebot zum Rübenbau, so sagte man mir, sei gegenwärtig reichlich vorhanden, man hätte daher vielmehr als 3000 Acker Rüben haben können, wenn die Fabrik nur gross genug wäre, eine solche Menge zu verarbeiten. Sorge hegte man, ob die Rüben bis zum Beginn der Campagne, etwa den 15. bis 20. September genügend reifen möchten; augenblicklich war zumeist eine Seite der einzelnen Pflanzen viel reifer als die andere. Nach Gehalt wird nicht bezahlt, doch werden allzugrosse und unreife Rüben nicht abgenommen.

Das Verziehen wird durch Kinder besorgt, welche 75 cts. den Tag erhalten; Arbeitskräfte sind in Hülle und Fülle vorhanden, da die Bevölkerung dicht und gesund ist, und starke Familien mit reichem Kindersegen hier häufig sind. Der Vielweiberei, welche im Geheimen noch recht verbreitet sein soll, verdankt man diesen Reichthum an Menschen. Der Feldarbeiter erhält hier täglich excl. Kost 1,50 Doll., der Fabrikarbeiter 1,80 — 2 Doll.

Der Kohlenpreis wurde mir zu 3,75 Doll. die Tonne für sog. Weichkohle, welche etwa an Werth einer mittleren Braunkohle gleichkommen mag, angegeben, der Kohlenverbrauch zu 13 °/₀ vom Rübengewicht; sehr theuer, 18 Doll. die Tonne, ist der Coke, von welchem 11 °/₀ im Kalkofen gebraucht werden, der Kalkstein kostet 2 Doll. die Tonne. Die Fabrik ist auf 350 tons täglicher Verarbeitung eingerichtet.

Gewonnen werden 8 $\frac{1}{2}$ °/₀ weisse Waare auf Rüben unter Einwurf der Nachproducte. Die Unkosten zur Gewinnung des Zuckers gab man zu 2,50 Doll. auf 100 Rübengewicht an, während Chino etwas billiger, etwa zu 2 Doll. auf 100 Rüben arbeite. Dem gegenüber ist zu berücksichtigen, dass die Fabrik ausser der 2 Cent-Prämie der Vereinigten Staaten noch 1 cent für jedes Pfund Zucker vom Staate Utah erhält. Auch darf man nicht vergessen, dass Chino Füllmasse, nicht Zucker herausbringt, und dass dort die vermuthliche Granulatedausbeute mit mehr als 10°/₀ wahrscheinlich viel zu hoch angenommen ist, die Unkosten

---

[1]) Dafür, dass bei diesem Preise verdient wird, werden auch hier die übliche Berechnungen ausgeführt, bei denen die Gesammtunkosten per Acker zu 39,46 Doll. die Erntemenge zu 12 tons, demgemäss der Ertrag zu 60 Doll. und der Nettoverdienst zu 20,54 Doll. angegeben werden (vergl. das neueste im December 1893 ausgegebene Bulletin der Universität Nebraska für 1892 S. 40). Wie wiederholt hervorgehoben, haben meiner Ansicht nach derartige Berechnungen nur sehr geringen Werth, da die Erntemengen willkürlich genommen und meist zu hoch gegriffen sind.

also zu niedrig berechnet werden. Dass die Fabrik gegenwärtig verdient, wie die Besitzer angeben, ist nicht zu bezweifeln, ebenso darf man aber ihrer Versicherung Glauben schenken, dass mit dem Aufhören der Staatsprämie auch ihre Stunde geschlagen haben würde.

Die Fabrik ist ganz massiv und gewährt einen hübschen, schlossähnlichen Anblick, leider ist der Raum innen sehr beengt und gar kein Platz für die in Aussicht genommene Vergrösserung vorhanden. Auch hier sind drei grosse bedeckte Rübenhäuser mit Schwemmen aufgebaut, die im October jedoch vorübergehend nicht ausreichen, man will deshalb einen Versuch mit Erdmieten machen.

Das Anschlussgleise der Eisenbahn führt direct in die Rübenschuppen, welche wie die Schwemmrinnen aus Holz sind. Die Maschinen sind hier fast sämmtlich in Amerika gebaut, sie stammen bis auf einige Hallische Pressen von Dyer in Cleveland. Die Apparate sehen zum Theil recht plump aus, sind aber modern eingerichtet. Aus der Schwemme werden die Rüben durch ein kleines perforirtes Hubrad in eine offene Quirlwäsche mit Steinfänger gehoben. Die mit Dachrippenmesser hergestellten Schnitzel werden in einer kreisrund aufgestellten Batterie von 12 Gefässen à circa 30 Hectoliter mit mächtiger unterer Oeffnung zur Entleerung ausgelaugt. Den hydraulischen Verschluss besorgt ein Mann durch Hebeldruck, welcher gleichzeitig die Batterie zu besorgen hat und durch einen zweiten Hebelarm die Saftzufuhr aus dem Messgefäss nach den Scheidepfannen besorgt.

Es werden 3 Dünnsaftsaturationen vorgenommen, 2 mit Kohlen-, die dritte mit schwefliger Säure bis auf mindestens 0,01 Alkalität, doch fürchtet man schwache Säuerung auch nicht sehr, da die Melasse doch nicht zu verwerthen ist und man vor allem klares Korn erstrebt. Für die Kohlensäuresaturationen sind wie in Chino nur 2 lange Pressen vorhanden. Den Schlamm von der Schwefligsäurearbeit nimmt eine ungeschickte amerikanische Presse mit scharfen Ecken auf. Die zu einem Quadrupleeffet vereinigten Verdampfapparate sind den Jellineck'schen nachgeahmt, das Vacuum gross und mit weiter Oeffnung, steht nach amerikanischer Sitte über der Trogmaische, unter der sich die Centrifugen befinden. Die Nachproductfüllmasse wird entweder in grosse transportable Kästen ausgedrückt, oder durch Röhren direct nach tiefen eisernen Bassins geleitet und von letzteren nach den Centrifugen gepumpt, was übrigens in Watsonville noch schöner ausgebildet ist. Diese Disposition des Füllmasseraumes in den amerikanischen Fabriken sei wegen ihrer Einfachheit der Aufmerksamkeit der Leser besonders empfohlen. In Deutschland habe ich ähnliches bisher nur vereinzelt gesehen. — Auch hier standen die Nachproducte unter Steuerverschluss.

Der Kalkofen, gleichfalls in hölzerner Umhäusung ist hier fast zu gross, man scheidet mit 2—3 % Kalk als Kalkmilch. Der Kalkstein soll gut sein, angeblich 99$^1/_2$ % kohlensaurem Kalk haltend, doch ist dabei wohl die Magnesia nicht berücksichtigt, ich hielt ihn für dolomitischen Ursprungs.

Die Fabrik liegt entzückend in dem fruchtbaren Thal von blauen Bergen umgeben, direct dabei ein stattlicher, krystallklarer, quellenreicher süsser See, dem sie das Betriebswasser entnimmt. Der Abfluss dieses Sees geht nach dem bekannten Salzsee, nach welchem Salt Lake City benannt ist. Aber der freie Blick wurde gestört durch eine eigenthümliche, hoch gelegene breite Rinne aus Holz, welche von der Fabrik nach dem mehrere hundert Schritt entfernten Seeufer führte. Langsam arbeitete eine Pumpe, welche einen dicken schwärzlichen Strom nach der Rinne beförderte, es war die Melasse der Fabrik. Man freute sich zwar, sie so einfach los zu werden, dennoch erfüllte uns der Anblick mit Wehmuth. Auch die ausgelaugten Schnitzel können hier in keiner Weise verwerthet werden.

Wie schon erwähnt, ist daran nicht zu zweifeln, dass lediglich in Folge der hohen Prämien die Fabrik gegenwärtig Geld verdient — die Unsicherheit, welche bezüglich der Erhaltung der Prämie herrscht, würde also allein genügen, von der Errichtung weiterer Zuckerfabriken in Utah abzuschrecken. Ein fernerer Grund dafür liegt aber darin, dass überhaupt culturfähiges Land nicht mehr im Uebermass vorhanden ist, sondern die dichte ländliche Bevölkerung die zur Verfügung stehende Fläche für nothwendigere Bedürfnisse nicht entbehren kann und endlich der Zuckerrübenanbau mittelst Rieselwirthschaft doch eine missliche Sache bleibt. Bei der Unbedeutendheit, welche die Zuckerindustrie bis jetzt in Utah noch hat, bitte ich den Leser mir zu erlassen, diese Ansicht durch statistische Belege näher zu begründen.

Ich verabschiedete mich von Lehi, äusserst sympathisch berührt von dem einfachen Wesen der Mormonen. Professor Cutter von der Universität Utah, der zufällig in der Zuckerfabrik mit mir zusammengetroffen war, begleitete mich nach Saltlake City. Hier sind zahlreiche Schmelzhütten für Edelmetalle und metallurgische Laboratorien, von denen ich eines besuchte. Die Einrichtungen waren die gleichen wie in ähnlichen Instituten in Deutschland. Professor Cutter zeigte mir alle die Anziehungspunkte Saltlake's City, die Wohnung des Propheten Brigham Young, den stattlichen Palast seiner Lieblingsfrau und geleitete mich auch hinaus auf der Eisenbahn nach dem mehrere Stunden von der Stadt gelegenen Salzsee. In lang hingestreckten Bassins gewinnt man hier das Kochsalz durch Verdunsten des Wassers, ähnlich wie in den Salzgärten am mittelländischen Meer. In den See hinein ist auf hölzernen Rampen eine Rotunde gebaut, der Vergnügungsort der Mormonen „Salzluft" genannt. Tausende, Gross und Klein, Männer, Frauen und Kinder tummeln sich hier durcheinander in der salzigen Fluth, ein Anblick, wie er nur einmal in der Welt zu haben ist. Das Wasser ist in Folge des Salzgehaltes specifisch so schwer, dass Schwimmen unmöglich ist, weil der Oberkörper zu weit aus dem Wasser ragt und der Schwimmer deshalb umkippt. Nur die Damen, welche hier zu Lande so weit gehende Vorrechte haben, geniessen dass Vergnügen, indem sie sich von ihrem männlichen Begleiter an beiden Schultern fassen und daran niedergedrückt durch's Wasser ziehen lassen. Als wir von dem Ausfluge nach Saltlake City zurückgekehrt waren, erhielt Professor Cutter die freudige Nachricht, dass er als Bibliothekar nach dem landwirthschaftlichen Ministerium in Washington berufen worden sei. Dort sah ich ihn wenige Wochen später wieder, nachdem ich in der Zwischenzeit Grand Island, Sioux City, Lincoln, Topea und Sanct Louis besucht hatte. Ueber die Fortsetzung meiner Reise berichte ich weiter unten unter dem Titel Nebraska.

Nebraska.

In Nebraska bestehen zur Zeit 2 Zuckerfabriken in Norfolk und Grand Island. Daselbst sind schon seit Jahren durch Prof. Nicholson an der Universität zu Lincoln Versuche mit Zuckerrübenbau[1]) angestellt worden und 1891 wurde an der Station der Union Pacific-Bahn Schuyler eine Versuchsstation für Rübenbau angelegt, die von den Vereinigten Staaten unterhalten wird. Die Gründe, welche zur Anlage der Station an dieser Stelle führten, bestanden darin, dass „bereits Zuckerfabriken in dem Staat existirten und dass Boden und Klima für eine derartige Station günstig scheine". In der That war zur Zeit, als wir uns auf die Reise begaben, auch in Europa noch die auf zahlreiche Berichte gestützte Ansicht verbreitet, dass Nebraska derjenige Punkt der Vereinigten Staaten wäre, von wo am ehesten eine rasche Entwickelung der Rübenzuckerindustrie ausgehen könnte. Ich habe mich deshalb mit den Verhältnissen dieses Landes besonders beschäftigt. Besucht wurden die beiden Fabriken zu Norfolk (an der Besichtigung nahm Herr Dr. Bartz Theil) und Grand Island, ferner der Haupthandelsplatz Omaha und die Haupt- und Universitätsstadt Lincoln mit den früher unter Aufsicht des Herrn Prof. Nicholson[2]) stehenden Versuchsfeldern.

---

[1]) vergl. Berichte der Versuchstation in Lincoln 1890 und folgende Jahre.
[2]) Prof. Nicholson hat die Versuchsstation neuerdings abgegeben und nur die chemische Professur der Staatsuniversität Lincoln inne.

Nebraska wird östlich von dem mächtigen Missouriflusse, im Westen von den beginnenden Anhöhen der Rocky Montains begrenzt, im Norden stösst es an Dacota, im Süden an das fruchtbare Kansas. Der 3575 deutsche Quadratmeilen grosse Staat besitzt heute angeblich $1^1/_2$ Millionen Einwohner, während er vor 30 Jahren noch das fast ausschliessliche Eigenthum der Indianer war. Das Hauptproduct des Landes ist der Mais, womit 1891 4600000 Acker bestellt waren.

Das Klima ist im allgemeinen nicht ungünstig, zeichnet sich aber durch grosse Unsicherheit und unerwartete Wechselfälle aus. Zu bemerken ist, dass strichweise oft auf Entfernungen von nicht mehr als 100 engl. Meilen grosse Unterschiede obwalten, die Flussthäler sind im allgemeinen dem Rübenbau günstiger als höher gelegene Landstrecken. Im April verzögert sich die Saatzeit nicht selten durch schwere Schneestürme, dem nassen Frühjahr folgte häufig entsetzliche Dürre, nur unterbrochen durch furchtbare Stürme, welche nicht nur Rübensaat, sondern auch die jungen Pflanzen mit fortführen. In Folge der heftigen Winde mussten deshalb in Grand Island sowohl als in Norfolk grosse Flächen zwei, ja selbst drei mal mit Rüben neu bestellt werden.

Der Frost tritt sehr plötzlich und oft unerwartet früh ein, 1891 schon am 23. und 24. August, regelmässig aber fast in der zweiten Hälfte des Septembers. In Folge der wechselnden Witterung im Spätherbst ist es schwierig, die Rübenmieten richtig zu bedecken und gar leicht treten starke Zuckerverluste bei warmer Witterung ein, wenn die Bedeckung zu stark ist.

Ueber die meteorologischen Verhältnisse liegen sehr ausführliche und sorgfältige Beobachtungen von Prof. Nicholson [1]) vor. Von dem Abdruck seiner instructiven Regen- und Temperaturkarten, in welchen die Verhältnisse in Deutschland (Halle a/S.), Frankreich (Cambray) und Nebraska verglichen werden, sehe ich ab. Ich begnüge mich anzuführen, dass daraus hervorgeht, dass es in Nebraska zwar im Sommer heisser ist, als bei uns, dass aber dafür etwas mehr Regen fällt; doch ist die Menge der sonnigen Tage etwa um $^1/_3$ grösser, was auf heftigere Regengüsse schliessen lässt. Uebrigens spricht auch Prof. Nicholson selbst aus, dass allgemein meteorologische Betrachtungen die Frage, ob das Klima dem Rübenbau günstig sei, nicht entscheiden können, sondern allein die Erfahrung durch das Experiment. Ich führe also nur kurz an, nach dem Bericht der Versuchsstation in Schuyler, dass die Regenmenge in englischen Zahlen daselbst betrug

	Mai	Juni	Juli	August	Septemb.	Octob.	Insgesammt
1892	6,62	0,50	2,50	3,36	0,28	1,00	14,26
1891	1,38	11,59	6,71	2,22	0,84	3,92	26,61

---

[1]) Loc. cit.

Nach den officiellen Angaben war in ganz Nebraska die Regenmenge 1892 im Mai 3,50, Juni 3,68, Juli 3,09, August 2,96, September 1,57, October 1,50, insgesammt 16,30, es bestätigt sich also, dass an einzelnen Plätzen grosse Verschiedenheiten obwalten können.
Die Temperatur betrug in Grad Fahrenheit.

	Mai	Juni	Juli	August	Septemb.	October
1892	55,3	66,6	75,0	72,85	66,56	56,3
1891	59,0	68,4	69,9	70,20	65,10	47,6

dies giebt in Graden Celsius eine Durchschnittstemperatur von $12,036^0$ für 1892 und $11,651^0$ für 1891.

1892 war in Schuyler die Temperatur bedeutend über normal (11,548") und die Regenmenge blieb unter normal, sie betrug nur etwas mehr als die Hälfte als 1891. Im Juni und Juli, wo Regen so nöthig, war die Menge nur minimal, was der Entwickelung der Rüben sehr ungünstig war.

Die kalten Wintertage werden nicht selten durch furchtbare Schneestürme, die sogen. Blizzards, welche aus den nördlichen Regionen überraschend hereinbrausen, unterbrochen. Wehe dem Farmer, der alsdann nicht rechtzeitig das schützende Dach erreicht, wenige Stunden nach Ausbruch des Sturmes ist dann Mann und Vieh verloren, getödtet durch die furchtbare Kälte und die in die Lungen gelangenden Eiskryställchen.

Die Bodenbeschaffenheit Nebraskas ist wechselnd. Der grösste Theil des Terrains ist wellenförmig, nur hier und da von höheren Kuppeln überragt, nach Wyoming zu steigt das Land stark an. Meist besteht es in den Thälern und an den Abhängen aus fruchtbarem Löss, die höher gelegenen Stücke sind oft sandig, doch überwiegt der gute Boden besonders in den zahlreichen Flussthälern, wo ein humoser tiefgründiger Lehm vorherrscht. Fast überall hat in Jahrtausende altem Wachsthum das absterbende Prairiegras stickstoffreichen Humus im Boden angehäuft, welcher trotzdem zumeist durchlässig und leicht geblieben ist. An den höher gelegenen Stellen herrscht Trockenheit, es wird aber oft auf die Möglichkeit hingewiesen, sie grösstentheils in Anbetracht des Reichthums des Landes an Wasser, durch Rieselung culturfähig zu machen.

Die Vorstellung, dass es sich hier zu Lande im allgemeinen um einen nahezu unerschöpflichen Culturboden handele, der auf viele Jahre keine Düngung bedürfe, liessen wir alsbald fallen, nachdem wir in Norfolk an einigen Stellen in die Ackererde eingebohrt hatten, zumeist verschwindet schon in geringer Tiefe die dunkle Färbung, das Anzeichen des Humusgehalts und macht der Naturfarbe des Lehms oder Sandes Platz. Für die Zusammensetzung des

Prairiebodens, welcher das bessere Rübenland in Nebraska vorstellt, geben folgende Analysen der Versuchsstation zu Schuyler einige Beispiele.

	Feld A.		Feld B.	
	I.	II.	I.	II.
Feuchtigkeit	2,01	1,93	1,84	1,73
Organisches	6,64	6,13	5,20	5,10
Unlösliches	81,14	82,11	81,80	82,19
Eisenoxyd	3,11	2,99	4,16	4,12
Thonerde	3,19	3,26	3,98	4,02
Kalk (CaO)	0,72	0,68	0,52	0,44
Magnesia	0,82	0,80	0,73	0,75
Natron	Spur	Spur	Spur	Spur
Kali	0,59	0,61	0,57	0,58
Phosphorsäure	0,04	0,03	0,03	0,04
Schwefelsäure	0,004	0,006	0,008	0,003
Chlor	0,020	0,014	0,019	0,012
Kohlensäure	0,420	1,620	1,520	1,270
Stickstoff	0,28	0,25	0,28	0,25

An diesen Zahlen fällt der geringe Gehalt an schwefelsauren Salzen, vor allem aber der ganz kollossal hohe Stickstoffgehalt und die verhältnissmässig geringe Menge Phosphorsäure in die Augen. Es ist jedoch nicht zu bezweifeln, dass es sich hier um Analysen der besten in Nebraska befindlichen Böden handelt und dass die Zahlen nicht etwa die durchschnittliche Zusammensetzung des cultivirten Landes darstellen. Dies erhellt unter anderem aus den Stickstoff- und Phosphorsäurezahlen einiger von Nicholson[1]) (loco cit. I, S. 53 seines Berichtes) aufgeführten Analysen.

Bodenanalysen aus Nebraska.

	1. Dawes County	2. Cherry County	3. Brown County	4. Antilope County	5. Saunders County	6. Hamilton County
Phosphorsäure	0,822	0,0623	0,0620	0,0399	0,1127	0,0947
Stickstoff	0,0840	0,0560	0,0735	0,0630	0,0700	0,0680

Man findet hier keine Stickstoffzahl, welche an die in Schuyler ermittelten heranreicht.

1892 sollen 4 981 754 Acker Mais[1]) gebaut worden sein, welcher grösstentheils zu Viehfutter dient, nur 24 295 000 Bushels von der auf 157 145 000 Bushel geschätzten Ernte wurden als Korn ausgeführt. Die Kosten des Anbaus werden amtlich auf 4,13 bis 8,87 Doll. per Acker geschätzt, die Ernte schwankt zwischen 25 und 60 Bushels per Acker. Bei einem Preise von 25—30 cent per Bushel, ja an manchen Stellen von nur 26 cent, bleibt dem Farmer, der mit einem Zinsfuss von nicht unter

---

[1]) Diese Daten sind dem kleinen Büchelchen über Nebraska entnommen, welches den Besuchern der Weltausstellung in Chicago von Staatswegen unentgeltlich zur Verfügung gestellt wurde.

7, häufig 8 und mehr Procent zu rechnen hat, nichts übrig, wenn er Mais ausführt¹), es ergiebt sich aber noch eine je nach den Verhältnissen grössere oder geringere Rentabilität, wenn der Mais verfüttert also auf Fleischausfuhr gearbeitet wird. Der Weizenbau ist, wie in den meisten Staaten in Nebraska in den letzten Jahren zurückgegangen. 1892 sollen 1 229 665 Acker damit bestellt gewesen sein, die 1891 er Ernte wird zu 18 000 000 Bushel ²) angegeben. Neuerdings wird die Cultur von Wintergetreide warm empfohlen, während die Mehrzahl der Farmer hier wie im nördlichen Jowa und Süddacota ausschliesslich Sommergetreide baut.

Von anderen Feldfrüchten werden Hafer, Roggen, Hirse und Gerste cultivirt, auch den Tabak- und Cichorienbau sucht man einzuführen, letzteren mit dem Hinweis darauf, dass der augenblickliche Cichorienimport nach den Vereinigten Staaten jährlich einen Werth von 8 000 000 Doll. darstellt. Mit der Obstcultur ist man besonders im Missourithal nicht ohne Erfolg vorgegangen. Pfirsiche, freilich nicht so gross wie die Californischen, Weintrauben, Aepfel und Pflaumen werden soviel erzeugt, dass eine nicht unbedeutende Menge zur Ausfuhr gelangen kann. Das Pflanzen der Obstbäume sowie auch von anderen Nutzhölzern oder auch nur Schatten werfenden Bäumen hat sich als grosser Segen für die ursprünglich baumlose, im Hochsommer entsetzlich heisse Prairie erwiesen. Es ist das bleibende Verdienst des gegenwärtigen Landwirthschaftsministers in Washington, des Herrn J. Sterling Morton, welcher aus Nebraska stammt, das allgemeine Interesse am Baumpflanzen erregt zu haben. Die Constitution des Staates Nebraska bestimmt, dass, sofern ein Stück Land dadurch an Werth gewinnt, dass es von einem lebendigen Zaun von Frucht- und Waldbäumen umgeben wird, der Mehrwerth bei der Veranlagung zur Besteuerung ausser Betracht zu lassen ist. Ein Staatengesetz ermässigt den Taxwerth des Ackers Fruchtbäume für fünf Jahre um 100 Doll. und des Ackers Waldbäume um 50 Doll., ferner geniessen besondere Vergünstigungen die Eigenthümer, welche Bäume an öffentlichen, an ihrem Besitze vorbeiführenden Strassen pflanzen. Der schönste Festtag im Lande ist der Arbeitstag, an welchem alljährlich Hunderttausende von Bäumen gepflanzt werden, leider geht ein grosser Theil davon nicht selten durch die Hitze oder weil das hohe Prairiegras und Unkraut sie erstickt, wieder ein.

Den ersten Rang nimmt im Lande aber immer noch die auf zahlreiche Weiden und den Maisbau sich stützende Viehzucht ein.

---

¹) Dies dürfte besonders für dieses Jahr zutreffen, da nach dem mir soeben zugehenden Bulletin 120 des Departement of Agriculture Nebraska in Mais eine sehr schlechte, beinahe als Missernte zu bezeichnende Ernte eingebracht hat.

²) **Kansas** producirte 1891 60 000 000, Jowa 28 500 000 Bushel Weizen.

Die letzte Steuereinschätzung ergab:

	Zahl	Werth
Pferde	640 088	847 650
Rindvieh . . .	1 643 174	6 438 352
Schafe	142 946	140 500
Schweine . . .	1 296 433	1 320 675

Um das Bild vollständig zu machen, erwähnen wir noch die nicht unbedeutende Bienenzucht[1]) mit 300 000 Pfund Honigproduction im Jahre 1892, die man weiter zu heben bestrebt ist. Fische sind in den zahlreichen Gewässern noch reichlich vorhanden und Schildkröten tummeln sich munter darin herum. Der Büffel und anderes grösseres Wild ist gänzlich ausgerottet, aber die wohlschmeckenden Präriehühner, Wachteln, wilde Tauben, Schnepfen und wilde Enten sind noch in grosser Zahl vorhanden. Wer den Genuss einer ertragreichen Jagd haben will, muss freilich weit aus den Städten hinauswandern, nur im Anfang der Jagdzeit wird er in der Nähe derselben noch Wild finden. Dann steht es jedermann frei zu jagen und aus reiner Mordlust schiessen die Städter alles nieder, was vor ihr Rohr kommt. Erwähnen wir noch, dass das Land auch eine, wenn auch noch lange nicht zu voller Entwickelung gelangte Minenindustrie besitzt. Der Werth der von der Omaha-Schmelzhüttengesellschaft ausgearbeiteten Metalle, Silber, Blei, Gold und Kupfer wird für 1890 zu 17 769 000 Dollar angegeben. Omaha, der grösste Stapelplatz des Landes, liegt am Missouri und ist in raschem Wachsthum begriffen, 1860 hatte die Stadt nur 1861 Einwohner, gegenwärtig zählt man über 140 000. Die nächst grösste Stadt ist die Hauptstadt Lincoln mit 55 000 Einwohner, während die uns als Sitz von Zuckerfabriken besonders interessirenden Städtchen Norfolk und Grand Island nur von 3000 bezw. 7500 Menschen bewohnt sind.

Nach diesen mehr allgemeinen einleitenden Bemerkungen gehe ich zu einer speciellen Beschreibung der Reiseerlebnisse in Nebraska über.

1. Norfolk, den 23. Juli 1893.

Unser Weg führte uns von Davenport in Jowa, wo wir die Stärkezuckerfabrik besichtigt hatten, über Council-Bluffs, Omaha, Columbus[2]) auf den Linien der Union Pacific Eisenbahn nach Norfolk. Auf der

---

[1]) Danach heisst die bedeutendste Zeitung des Landes, welche täglich einen eigenen Eisenbahnzug zwischen Omaha und Lincoln laufen lässt, die Omaha-„Biene".

[2]) Den nächsten Weg von Omaha nach Norfolk bietet die Missouri-Valley-Eisenbahn, welche auch wir zu benutzen gedachten. Für amerikanische Eisenbahnverhältnisse charakteristisch ist das nachstehende Reiseabenteuer:

Wir hatten durch hin- und hergehende Correspondenz mit Herrn von der Lühe den Termin unserer Ankunft in Norfolk auf Sonntag Vormittag festgesetzt und beabsichtigten zu diesem Behuf Sonnabend Abend in Davenport aufzubrechen und Sonntag

Reise von Omaha nach Columbus passirten wir die stattliche Rüben-Versuchsstation zu Schuyler, hielten uns daselbst aber nicht auf, da wir schon in Chicago erfahren hatten, dass dieselbe auf den Aussterbeetat gesetzt sei. (Vergl. die Unterredung mit dem Ackerbauminister Herrn Morton weiter unten in diesem Bericht).

Von Columbus aus zeigten sich zu beiden Seiten der Eisenbahn bereits einige ziemlich ausgedehnte Rübenbreiten, welche gut bestanden waren. In Norfolk wurden wir von dem Superintendenten der Fabrik Herrn von der Lühe, einem ehemaligen Schüler des Vereinslaboratoriums und dem landwirthschaftlichen Administrator Herrn Wietzer, einem sächsischen Landwirth, welcher die Farmer der Umgegend erfolgreich in die Rübencultur eingeführt hat, freundlichst empfangen und geführt. Wir kamen Abends am 23. Juli an und am 24. Juli in aller Frühe brachen wir gemeinschaftlich mit den genannten nach den Rübenfeldern auf. Die Nacht war entsetzlich heiss gewesen und am 24. August zeigte das Thermometer 37⁰ C. im Schatten. Wochenlang hatte es nicht geregnet, kein Lüftchen regte sich, nur dadurch, dass die schnellen und ausdauernden Nebraskaer Pferde, die unser Gefährt zogen, zu raschem

---

früh in aller Frühe Omaha mit der Missouri-Valleybahn zu verlassen. Man belehrte uns aber in Davenport, dass auf dieser Bahn Sonntags keine Züge gingen und in der That zeigte das officielle Coursbuch eine dahin gehende Bemerkung, die wir übersehen hatten, es wurde uns auch die gleiche Auskunft am Schalter zu Theil. Infolge dessen änderten wir unseren Plan und fuhren von Omaha auf dem Umwege über Columbus nach Norfolk. Auf letzterer Strecke gingen nach dem officiellen Ausweis die Züge Sonntags, wir hatten aber in Columbus 7 Stunden Aufenthalt. Hier lernten wir zum ersten Mal die Schattenseiten der Hotels des Westens kennen. Es war drückend heiss, wir flüchteten in das beste Gasthaus des Ortes. Weder Bier, Wein, noch irgend welche geistige Getränke dürfen in den Hotels verabreicht werden; heimlich tranken wir aber im Speisezimmer nach Schluss der Mahlzeitstunde einige Flaschen Bier. Ein Landsmann hatte unser Parliren angehört und bewirthete uns damit, nachdem er das Bier eigenhändig vom Kaufmann geholt hatte! Er belehrte uns, dass alle amerikanischen Coursbücher unzuverlässig seien und dass man richtige Angaben über die Fahrzeit der Züge nur aus den grösseren Tageszeitungen entnehmen könne, in denen die Eisenbahnagenten täglich annonciren. Aus der „Omaha Biene" konnte er uns denn auch sofort nachweisen, dass neuerdings auf der Missouri-Valleybahn Sonntags die Züge gingen. Unser Aerger war gross, es liess sich aber nichts ändern und wir mussten den Rest unserer Zeit zwischen den Tabak speienden Herren in dem Vorflur des Hotels, der einzige Raum, der dem Gast zur Verfügung steht, zubringen und bei der Ankunft in Norfolk, die erst spät Abends erfolgte noch gut gemeinten Spott ertragen. — Es versteht sich, dass wir in Zukunft keinem amerikanischen Coursbuch mehr vertrauten, sondern die Zeitungen studirten. So zweckmässig und nachahmenswerth mir vieles an den amerikanischen Eisenbahnverkehrseinrichtungen scheint, so möchte ich bei dieser Gelegenheit doch auf den Uebelstand hinweisen, dass man wegen der Unzuverlässigkeit der Coursbücher bei grösseren Reisen niemals die Stunde der Ankunft mit einiger Sicherheit vorausbestimmen kann.

Lauf angetrieben wurden, wurde ein kühlender Luftzug für die Insassen
des allseitig offenen, oberhalb bedeckten Wagens erzeugt. Ohne das
Dach hätten wir Europäer die Fahrt ohne ernstlichen Schaden zu nehmen,
wohl schwerlich überstanden, welche unseren Führern aber nichts unge-
wohntes war, denn seit Wochen herrschte dieselbe Hitze und sie empfanden
dieselbe bereits nicht mehr wie wir. Pfeilschnell flogen die Pferde
dahin, eine dicke Wolke trockenen Staubs aufwirbelnd, unerbittlich
wurden sie angetrieben, wenn sie Spuren von Ermattung zeigten. Was
gilt im weiten Westen, wo schon das Menschenleben gering geachtet
wird, ein Pferd, wenn es nicht von besonders edler Race ist! In
Nebraska speciell, ist gegenwärtig solcher Ueberfluss des Landesschlages
vorhanden, dass die Preise spottbillig sind, schon für 5 Doll., versicherte
Herr Wietzer, seien solche käuflich zu haben.

Einige Rübenfelder standen recht gut, und waren Dank der Fürsorge
des Administrators so trefflich in Cultur, dass man sich in die frucht-
barsten und hochcultivirtesten Theile Deutschlands versetzt glauben konnte,
andere waren recht lückenhaft oder im Wachsthum zurück. Wir erfuhren,
dass die letzteren später bestellt seien, da die Frühjahrsstürme ein-, ja,
zweimal die Saat wie selbst die jungen Pflanzen davonwirbelten. Im
Gegensatz zu der Trockenheit der Wege, an denen die als Unkraut jeden
Prairieweg einzäunenden Sonnenrosen matt die Köpfe hängen liessen, sahen
die Rüben leidlich frisch aus. Herr Wietzer zeigte uns, dass die oberen
Theile der Ackerkrume zwar staubförmig trocken, 2—3 Zoll tief der Boden
aber ganz feucht war, und erklärte dies aus der hügeligen Beschaffenheit
des Landes, wodurch den tieferen Theilen Feuchtigkeit von den Abhängen
zugeführt wird. Regen schien trotzdem dringend wünschenswerth, trat
auch bald nach unserer Abreise ein. Das Land, auf welchem die Rüben
gebaut waren, war theils seit Jahren in Cultur, theils eben erst urbar
gemacht, was in dem steinfreien Prairieboden leicht von Statten geht.
Mit einem Umschlagspflug wirft man im Herbst die Ackerkrume um, wodurch
die Wurzeln des Grases nach oben gelangen und absterben, im folgenden
Frühjahre wird dann bereits mit Mais oder besser direct mit Rüben bestellt.
Die erste Ernte ist häufig auch deshalb ertragreicher als die folgenden,
weil das Neuland zunächst frei von Unkraut ist. Bei nachlässiger fernerer
Behandlung überwuchert dasselbe aber bald, die meisten Felder gewähren
alsdann für ein europäisches Auge den Anblick trostloser Verwahrlosung.
Wir bohrten mit dem Erdbohrer auf einer Rübenbreite ein und blieben,
so tief als wir eindringen konnten, im Lehm, welcher frei von Humus
war. Im Weiterfahren passirten wir zahlreiche Rübenfelder, alle trefflich
bestellt, ein ehrendes Zeugniss für die Thätigkeit des Herrn Wietzer,
unseres sächsischen Landsmannes. Wir versuchten, an der Blattform und
dem Habitus der Wurzel die Racen auszufinden und unterschieden

mit Leichtigkeit Rüben Klein-Wanzlebener, Dippe'scher und Französischer (Deprez) Abkunft. Die deutschen Rüben hatten ihre Raceeigenthümlichkeiten bewahrt, die Wurzelbildung war musterhaft, ohne Verästelung, das Fleisch fest und weiss, die Zahl der Blattringe, die Kopfbildung und die Form der ganzen Pflanze normal. Späterhin ist die Entwickelung der Pflanzen jedoch nicht so vortheilhaft weiter verlaufen, ungünstige Witterungsverhältnisse haben die Reife verzögert, und die Ernte hat schliesslich nicht recht befriedigt.

Wir fuhren in nordwestlicher Richtung und kreuzten die Eisenbahn, massenhaft wucherte die Kleeseide zu beiden Seiten des Weges, ihrer Verbreitung schauen die Farmer müssig zu. Auf etwas höher gelegenem Terrain setzten wir abermals den Erdbohrer in Bewegung, der Boden war hier leichter, der Untergrund reiner Sand, die Rüben in Folge der Trockenheit welk und klein. Unterdessen war die Mittagsstunde herangenaht, Menschen und Thiere von der Hitze erschlafft, und wir lenkten desbalb unser Gefährt nach der nahen Stadt Pierce (5—600 Einwohner), wo wir Rast machten. Die Pferde wurden einem der allerorts befindlichen Leihställe übergeben — die Stadtbewohner haben zumeist ihre Thiere in dieser Weise untergebracht, da es viel zu theuer kommen würde, sich einen eigenen Stall oder gar Kutscher zu halten, sorgfältige Pflege lässt der Amerikaner den nützlichen Hausthieren überhaupt nicht angedeihen. Wir selbst stiegen im Hotel ab. Ein sonderbarer Aufenthalt, dieses Hotel, welches in demselben Raum eine Barbierstube, das Sprechzimmer und den Speiseraum vereinigte. Während der schmutzige, schwarze Barbier seine Kunden bediente, liessen wir uns zum Mahl nieder; eigenthümlicher noch als im Eisenbahnwagen berührte es uns, vom Wirthe mit Einwohnern des Städtchens in der Arbeiterblouse auf gleicher Stufe behandelt zu werden. Das Essen ist, wie allerwärts, reichlich und gut, die Zubereitung etwas primitiv und nomadenhaft. Nur mit Schwierigkeit fanden wir uns darein, die im ganzen gekochten und mit Butter bestrichenen süssen Maiskolben mit beiden Händen durch die Zähne zu ziehen, um die Körner herauszuessen. Bald nach Tisch brachen wir auf, um auf einem südlicheren Wege nach Norfolk zurückzukehren. Die Sonne brannte unerträglich, der Staub hüllte uns ein, im vorderen Theile des Wagens erhitzte sich die eine Seite des darin Sitzenden so, dass es eine Wohlthat war, den Platz wechseln zu können. Wir passirten mehrere Gehöfte, von schattigen Bäumen umgeben, theils mit freundlichen, gut erhaltenen Wohnungen und schlechten Stallungen, theils mit guten Stallungen und mangelhaften Wohngebäuden. Unsere Führer erklärten uns, dass an dem Aeusseren die Herkunft des Inhabers erkannt werden könne, der Amerikaner sorgt vor allem für ein stattliches Wohnhaus, der Deutsche denkt zuerst an sein Vieh und seine Landesproducte, dann erst an seine Person.

An einem Gehöfte machten wir Halt, um uns die Rübenculturmaschinen der Johnston Harvester Co. anzusehen, sie unterscheiden sich in keinem wesentlichen Punkte von den europäischen, ja, Herr Wietzer klagte, dass man mit den Rübenbaumaschinen noch hinter Deutschland sehr zurück sei. Die Sonne senkte sich, als wir die Zuckerfabrik in Norfolk erreichten. Sie ist von einer französischen Firma gebaut, die Disposition ist eigenthümlich, indem ein Raum für die Verarbeitung der Füllmasse fehlt, die Aufstellung der Sudmaische, der Centrifugen und des Vacuums ist die nämliche wie bei den californischen Fabriken.

Wegen der weiten Entfernung der Raffinerien kann nicht auf Rohzucker gearbeitet werden. In Folge dessen können die Fabrikbesitzer nur granulated ausführen und darauf die 2 cent-Prämie (8,50 Mk. für den Centner) erheben. Bisher gewährte der Staat Nebraska überdies noch eine Prämie von 10 cent pro, Pfd. Zucker, welche jedoch neuerdings aufgehoben worden ist. Die Melasse hat man noch nicht recht verwerthen können, da die Versuche anderorts Speisesyrupe daraus herzustellen, nicht erfolgreich waren. Die Fabrik richtete deshalb das Ausscheidungsverfahren ein, für welche Claus Spreckels eine ursprünglich für eine neu zu erbauende californische Fabrik bestimmte Einrichtung hergegeben hatte. Die Einführung einer Melasseentzuckerung an einem Ort, wo nur weisser Zucker verwerthet, an eine eigentliche Raffination aber nicht gedacht werden kann, scheint prinzipiell ein Missgriff zu sein. Sie lässt sich nur erklären durch den begreiflichen Wunsch, die hohe Prämie nach Möglichkeit auszunützen, im Interesse einer raschen Entwickelung der Rübenzuckerindustrie wäre es aber zweifellos richtiger, zunächst die Prämie nur zu verwenden, um den Rübenbau auszudehnen, denn damit ist es noch immer schwach bestellt. Augenblicklich stehen nur ungefähr 2500 Acker (1 Acker = 1,6 preuss. Morgen) Rüben zur Verfügung. Man hat den Fehler begangen, im Anfang den Rübenpreis so niedrig zu setzen, dass die Farmer dabei nicht auf die Kosten gekommen und vielfach kopfscheu geworden sind. Neuerdings hat man den Preis erhöht und überdies der Fabrik gehöriges Land gegen mässige Pacht mit der Verpflichtung, Rüben zu bauen, kleinen Leuten überlassen.

Nur auf diesem Wege kann es nach Ansicht des Herrn Wietzer gelingen, der Fabrik, welche auf 6000 Ctr. Verarbeitung eingerichtet ist, dauernd und regelmässig ein grösseres Rübenquantum zu sichern; es scheint aber, als wenn die Besitzer der Fabrik sich noch scheuten, in dieser Weise auf Jahre hinaus Vorsorge zu treffen. Unser Besuch schloss mit dem unvermeidlichen Interview durch den Redacteur der Norfolker Zeitung, Durchsprechen des Erlebten und der dortigen Verhältnisse in dem behaglichen Wohnhause des Besitzers der Fabrik. Der Abend brachte etwas Kühlung, und wir freuten uns über den lieblichen Anblick, welchen der wasserreiche, dicht bei der Fabrik vorbeiführende Fluss mit seinem von alten Bäumen beschatteten Thale gewährte. Blutroth ging die Sonne unter, Todtenstille und tiefe Dunkelheit empfing alsbald das inmitten der Prairie gelegene Fabrikgebäude. So schön der Sonnenuntergang in der Prairie ist, so sehr vermissen wir hier aber die lange Dämmerung, welche bei uns die Sommernächte noch lange erhellt.

Am nächsten Morgen kurz vor der Abreise besuchte uns noch ein Farmer von deutscher Abkunft, der uns von seinen Erfolgen im Rübenbau ein fast zu schwärmerisches Bild entwarf. Aber die Absicht, seine günstige Ansicht auch uns beizubringen, war doch unverkennbar, weshalb wir seinen Aeusserungen nicht zu grosses Gewicht beilegen möchten. Herr van der Lühe und Herr Wietzer geleiteten uns zum Bahnhof, wo der Redacteur bereits anwesend war, um uns noch einmal zu fragen, wie uns Norfolk, die Ausstellung in Chicago und Amerika im Allgemeinen gefallen habe, denn sein Bericht würde die Leser nur halb befriedigen, wenn er nicht zum Schluss unsere stricte Antwort auf diese drei Fragen brächte. Bald darauf sassen wir wieder in unserem geliebten Columbus, wo wir abermals 8 Stunden Zeit hatten, uns über die schlechte Bedienung im Hotel, die uns durchaus missverstehen will, über die furchtbare Hitze, das Tabakspeien und das betrunkene Gebahren der zahllosen beschäftigungslosen Minenarbeiter zu ärgern, welche von den damals eben geschlossenen Silberminen in Colorado ausschwärmend die kleinen Stationen der Union Pacific-Bahn anfüllten. Endlich Abends um 10 Uhr nahm uns der behagliche Pullmann-Schlafwagen der Eisenbahn auf, der uns nach den Anstrengungen von Chicago und der letzten Reisezeit für einige Tage den hochgelegenen und kühleren Theilen des Felsengebirges zuführen sollte.

Grand Island.

Am 22. August Abends brach ich von Saltlake city auf und erreichte nach etwa 48stündiger Fahrt durch Utah, Wyoming und Nebraska am 24. August früh am Morgen Grand Island. Die Reise entlang dem Creck- und später dem Platte-Fluss bietet manches Reizvolle, da Berge mit steiniger Hochebene und grünen Thälern wechseln, aber im allgemeinen überwiegt doch das Gefühl der Eintönigkeit und Vereinsamung. Denn auf dem grössten Theil des Weges fliegen wir an völlig unfruchtbaren, ausgetrockneten Gefilden vorüber, die kein Strauch oder Baum ziert, kein Gethier belebt. Nur wenn wir uns, was aber anfangs selten geschieht, einer Niederung nähern, wo sich Wasser befindet, erquickt das Auge der Anblick von Pferde- und Rindviehheerden. Die Nähe einer solchen Oase kündet sich gewöhnlich dadurch an, dass entlang der Eisenbahn Pferde- und Rindviehskelette auftauchen. Entweder haben die Thiere sich zu weit vom Wasser entfernt und sind vor Durst verkommen, oder sie sind im Sturm verirrt oder auch· hat der Eisenbahnzug ein neugieriges Stück Jungvieh gepackt und getödtet. Ein unheimlicher Anblick, diese Skelette, die häufig auch nicht weit von den Wohnungen lagern. Allmählich, je mehr wir uns Julesburg nähern und von dem Hochplateau von Wyoming herabklettern, wird es fruchtbarer, im Morgengrauen sah ich, wie ein Wolf erschreckt vor dem heranbrausenden Zug floh. Das Prairiegras wird höher, die Maisfelder mehren sich und der Zug hält in Grand Island.

Grand Island ist ein Städtchen von etwa 8000 Einwohnern, welches bis zum Jahre 1872 einen etwa $1/2$ Stunde von dem jetzigen Standort entfernten Platz einnahm. Damals wurde in der Nähe die Station der Union-Pacific angelegt und die Bewohner zogen mit ihren Holzhäusern dahin, Theile der alten Stadt stehen aber noch und auch die Zuckerfabrik liegt dicht dabei.

Die Lage des Ortes ist günstig, nicht allein wegen der Nähe des Platte Flusses, dessen Arme die Insel Grand Island bilden, sondern auch weil er Knotenpunkt von sechs Eisenbahnlinien ist. Die Northern-Pacific-, die Burlington- und die Union-Pacific-Gesellschaft stossen hier zusammen. Der Ort macht demgemäss einen belebten Eindruck, ein grosses vielstöckiges Hôtel ist im Neubau begriffen, elektrische Beleuchtung und Pferdebahn vorhanden, wie in den meisten kleinen amerikanischen Städten. Im Hôtel, wo ich nach der langen Fahrt behaglich mein Frühstück verzehrte, wurde ich dadurch überrascht, dass ganz unerwartet die Herren Hecker, Frentzel und Schöller, die bereits früher erwähnten drei deutschen Zuckerfabrikanten, die ich schon in St. Louis wähnte, in's Zimmer traten. Unsere Freude war gross, für mich noch besonders angenehm, dass die Herren bereits Schritte gethan hatten, um zuverlässige Information über die Verhältnisse der Rübenzuckerfabrik am Orte zu erhalten.

Wir begaben uns zunächst zu Herrn König, dem Banquier des Platzes, einem Landsmann, welcher als einer der Begründer Grand Islands sich des grössten Ansehens am Orte und in ganz Nebraska erfreut. Grand Island ist zur Hälfte von Deutschen bewohnt, ebenso sind viele der Farmer in der Umgegend deutscher Abkunft und bewahren heimathliche Sitte und Sprache.

Mit der Pferdebahn, deren Eigenthümer Herr König ist, fuhren wir zunächst nach der Fabrik, welche auf vorher nicht cultivirtem Prairieboden erbaut und noch von jungfräulicher Prairie umgeben ist. Die drei genannten grossen Eisenbahn-Gesellschaften haben unentgeltlich ihre Geleise bis in den Fabrikshof gelegt, in der Hoffnung, an den Frachten alsbald die Kosten der Anlage zu verdienen. Bis jetzt ist dies aber noch nicht eingetreten, denn nur wenig Rüben aus der entfernteren Umgegend sind in Aussicht, z. B. von Schuyler für die gegenwärtige Campagne 100 Acker, von dort ist die Fracht für die schwere Tonne 80 cent. Folgende Frachtsätze wurden uns angegeben:

$$\left.\begin{array}{llr} \text{bis 25 engl. Meilen} & \ldots\ldots & 30 \text{ cent} \\ \text{„ 25— 45 „} & \ldots\ldots & 50 \text{ „} \\ \text{„ 45—100 „} & \ldots\ldots & 80 \text{ „} \end{array}\right\} \text{per Tonne.}$$

Die Fabrik ist für 350 Tonnen täglicher Verarbeitung, also 7000 Ctr. in Tag- und Nachtschicht eingerichtet, doch waren an Rüben angeblich nur 18000 tons [1]) in Aussicht, hat im Gegensatz zu der Norfolker ein gutes Kesselhaus und wieder 3 Kalköfen!!! Die innere Einrichtung zeigt eine ähnliche Anordnung wie in Norfolk, besonders ist die Füllmassenarbeit die nämliche. Der fertig gekochte Sud wird direct in eine trogförmige Maische entleert, welche mit einem rasch wirkenden Rührwerk versehen ist und nach höchstens 5 Stunden währendem Rühren, oft aber unmittelbar nach dem Ablassen in den Centrifugen geschleudert und weiss gedeckt. Man kocht absichtlich auf ganz kleines, unregelmässiges und schlechtes Korn, siebt auch den Granulated nicht ab, da Granulated von gleichmässigem und grösseren Korn angeblich auch hier unverkäuflich sein soll. Dieselbe Verarbeitungsweise der Füllmasse, welche offenbar aus den amerikanischen Raffinerien übernommen ist, kehrt wie schon erwähnt fast in sämmtlichen amerikanischen Zuckerfabriken wieder.

Als ein Mangel werde es bezeichnet, dass die Fabrik nur ein bedecktes, allerdings grosses Rübenhaus besitzt, im Herbst also die Rüben unter den dortigen klimatischen Verhältnissen nicht sämmtlich vor Frost schützen könne.

Für die Besichtigung der Felder theilten wir uns in 2 Partheien, um unsere Beobachtungen austauschen zu können. Das Ergebniss war für beide Theile dasselbe, nämlich fast allerwärts ein negatives. Der Boden der Umgegend ist eben, sieht schwarz aus, ist aber sandig und für die hiesigen klimatischen Verhältnisse zu durchlässig, vielfach ist er zum Rübenbau deshalb ungeeignet. Die heissen trockenen Winde im Mai wirbeln hier noch viel leichter als in Norfolk den Boden zusammen mit den jungen Pflanzen hoch in die Luft, daher ist oft im Juni eine Neubestellung und zweite Aussaat nöthig. In diesem Jahre haben angeblich 800 Acker neubestellt werden müssen und fast aller Samen, der im ersten Frühjahr ausgelegt worden war, war verloren gegangen. Am besten hat sich hier die Klein-Wanzlebener Nachzucht bewährt, nicht so gut die französischen Rüben.

---

[1]) Wo nichts besonderes bemerkt ist, versteht man in Amerika unter Tonne stets die schwere Tonne von 20 Ctr. = 2240 Pfd. englisch.

Die Rüben, die wir sahen, waren noch sehr zurück für die Jahreszeit und ganz unreif. Da es in letzter Zeit vielfach geregnet hatte und auch im September ausgiebige Regen gefallen sind, so war es mir unwahrscheinlich, dass sie überhaupt zur guten Reife kommen könnten, eine Ansicht, die sich inzwischen durch Berichte über den Verlauf der neuen Campagne drüben als richtig bestätigt hat.

Bei einem deutschen Bauern Giese, welcher mit einem Sohn und zwei Töchtern wirthschaftet, fand ich ganz europäische Stallmistwirthschaft. die bei dem sandigen, obgleich tiefgründigen Boden gute Dienste that. Es ist übrigens ein Irrthum, anzunehmen, dass durchweg im weiten Westen die Farmer die Düngung vernachlässigen, sie machen nur häufig zu schlechte Erfahrungen damit, dass sie lieber davon abstehen. Dies kommt daher, dass das Vieh in den Nothställen im Winter nicht so gehörig wie bei uns besorgt werden, vor allem nicht genügend Stroh eingestreut werden kann. Der Mist ist daher viel compacter, gährt nicht so rasch aus, wie bei uns der Strohdung, und erwärmt in Folge dessen den Boden zu stark. Daher missräth die Ernte nicht selten im ersten Jahr nach der Düngung, während im zweiten Jahre erst eine gute Wirkung derselben zur Geltung kommen kann. Doch giebt es in Nebraska, wenn auch vereinzelt, auch kalte Böden, bei denen man in europäischer Weise mit Stalldung wirthschaftet und auch Rüben baut.

Giese fütterte auch Schnitzel, miethete dieselben sogar ein, ein sehr seltener Fall hier zu Lande, wo die meisten Schnitzel verfaulen, weil sich keine Abnehmer dafür finden. Er kam ebenso wie Herr König im Jahre 1872 hier an und lebt noch an der Stelle des alten Grand Island, welches damals noch ein Tummelplatz der Indianer war.

Auffallend war, wie viel kranke Rüben allerwärts vorhanden waren, nie habe ich so viel Ungeziefer auf Rübenfeldern gesehen, wie hier, was allerdings stellenweise wohl auch davon kam, dass dicht neben den Rübenfeldern Kohlfelder lagen. Dass die Fabrik so wenig Rüben erhält, rührt auch daher, dass man auch hier im Anfang zu schlechte Preise geboten hat. Man hat die Tonne Rüben nur mit $3^1/_2$ Dollar bezahlt, während nach übereinstimmendem Urtheil aller Farmer, die ich gesprochen, in Nebraska der Rübenbau erst bei einem Preise von 5 Dollar die Tonne lohnend werden könnte. Die kleinen Bauern der Umgegend von Grand Island sind daher nicht mehr zu bewegen, Rüben zu bauen. Während unserer Fahrt durch die Felder begegneten wir einem Farmer mit seinem Karren. Der Administrator, welcher mich führte, benutzte die Begegnung zu der Frage an den Farmer, ob er nicht wieder Rüben bauen wolle; in demselben Moment kam ein zweiter Wagen heran, und der Gefragte rief dem Führer desselben zu: „He, Nachbar, was meint Ihr, möchtet Ihr nicht wieder Rüben bauen?" „Nein," erwiderte dieser lachend,

„ich habe ein Haar dabei gefunden, meine Rüben sind vergangenes Jahr in die Luft gewirbelt", und beide setzten lachend ihren Weg fort. Dieses Gespräch charakterisirt den Stand der Dinge in Grand Island, wie er uns auch anderwärts geschildert wurde. Das ganze Unternehmen ist von Anfang an verfahren und wird schwerlich an dieser Stelle wieder ins richtige Geleise zu bringen sein. Ja, man trägt sich angeblich mit der Idee, die Fabrik von Grand Island nach Schuyler zu verlegen, wo guter Rübenboden in Menge vorhanden sein soll und die Farmer noch nicht kopfscheu geworden sind.

Was die Herren Frentzel, Hecker und Schöller gesehen, bestätigte durchaus meine Beobachtungen. Gut entwickelte Rüben waren nicht zu finden, die Rüben auch nicht so gut cultivirt, insbesondere so gut gehackt als in Norfolk. Mit der Rübehebe- und Köpfmaschine der Johnston Harvester Co. waren die Leute hier nicht zurecht gekommen, wohl auch, weil die Rüben so unregelmässig standen und unregelmässig gewachsen waren.

Die Fabrik schreibt 20 Pfd. Samen pro Acker vor, welchen sie den Farmern zum Preise von 10 cent das Pfund liefert.

Der Kohlenpreis („weiche" Kohle) wurde uns zu 3 Doll. die Tonne (in Norfolk $3^1/_2$) genannt, die Zahl der Arbeiter zu 120 Mann, der Lohnsatz in der Fabrik zu 1,75 Doll. pro Tag, die durchschnittliche Rübenernte zu 8—9 Tonnen pro Acker, während 15 Tonnen als gute Ernte bezeichnet wurden. Die Schwankungen in den Angaben der verschiedenen Reisenden, welche in der letzten Zeit die amerikanischen Zuckerfabriken besucht haben, zeigen schon, dass es nicht gerathen ist, Berechnungen auf derartige ermittelte Zahlen zu gründen. Ueber den Zuckergehalt der Rüben konnten wir nicht brauchbares ausfindig machen, da, wie fast allerwärts in Amerika (Alvarado ausgenommen) nur der Saft untersucht wurde, dessen Gehalt, weil die Rüben häufig vollständig welk und vertrocknet sind, natürlich sehr hoch kommen kann. Wenn deshalb der Saft hier auch in früheren Jahren 13—15 % Zucker gezeigt haben mag, so würden bei einem Saftgehalt von 95 doch vielleicht nur 11—13 % darin, also 10,5—11,5 % in der Rübe, vorhanden gewesen sein.

Sioux City.

Ursprünglich hatte ich den Plan, von Grand Island nochmals nach Norfolk zu gehen und darauf in Schuyler einige Tage Station zu machen, um selbst einige Rübenanalysen an der Versuchsstation auszuführen. Da aber die Regierung in Washington in der Zwischenzeit angeordnet hatte, dass die Versuchsstation eingehen solle und in Folge dessen sie mein Interesse nicht mehr erregte, verzichtete ich auf den Besuch in Schuyler. Auch einen abermaligen Aufenthalt in Norfolk gab ich auf, da ich hörte, dass man dort sich gerade bemühte, das Ausscheidungsverfahren zu probiren, aber noch nicht völlig eingerichtet sei. Unter diesen Umständen wollte ich um so weniger stören, als ich in Grand Island hörte, dass in Folge der von Regenfällen unterbrochenen grossen Hitze in dem Stand der Rüben in dem Zeitraum von 3—4 Wochen, welche seit unserm ersten Besuch in Norfolk verflossen waren, keine wesentliche Aenderung eingetreten war. Ich ergriff deshalb die Gelegenheit, die mir eine von dort ergangene Einladung bot, von Sioux City, der Grenzstadt am Missouri, bei welcher die drei Staaten Nebraska, Jowa und Süd-Dacota zusammenstossen, die landwirthschaftlichen Verhältnisse dieser Gegenden unbeeinflusst von beim Rübenbau interessirten Personen zu betrachten. Abermals führte mich mein Weg auf der Hauptstrasse der Union Pacific-Gesellschaft von Grand Island nach dem wohlbekannten Columbus. Nach dem öden Anblick des Felsengebirges auf der Strecke von Utah nach Grand Island erfreuten mich die Maisfelder im Platteflussthal, die üppige Prairie und selbst die als Unkraut den Bahndamm umwuchernden Sonnenblumen. Gleich bei der Ausfahrt aus Grand Island erregte auch eine mächtige Sauerkrautfabrik mein Interesse. In Columbus, wo ich wiederum den unvermeidlichen, diesmal 5stündigen Aufenthalt hatte, fühlte ich mich schon heimisch. Es war nicht mehr so drückend heiss, als Anfangs August, sondern es herrschte eine angenehme Temperatur, wie bei uns im September. Auf der Weiterreise passirte ich am Tage Norfolk und die Rübenfelder, die, wie schon erwähnt und auch nachträglich von den Herren Hecker, Frentzel und Schöller bestätigt wurde, seit der Zeit meines Hierseins ziemlich im Wachsthum stillgestanden zu haben schienen. Nach nahezu 3stündiger Eisenbahnfahrt von Norfolk gerechnet erreichte ich Sioux City, eine aufblühende Stadt von etwas mehr als 38000 Einwohnern, an den hügeligen Ufern des Missouri gelegen, die Hauptstrasse im ebenen Thal, aus welcher man ähnlich wie in San Francisco zu den hügeligen, steilen Seitenstrassen, die von den Wohnhäusern gebildet werden, emporklettert. Sieben Eisenbahnstränge stossen an diesem bedeutenden Platze, für den man eine grosse Zukunft erhofft, zusammen, viele Quadratmeilen sind bereits in Baustellen eingetheilt, so dass wohl Chicago oder New-York auf dem reservirten Terrain Platz hätten. Die Umgegend der aufstrebenden amerikanischen Städte erhält durch die Voraussicht, mit der man die Stadtpläne meist auf ein Wachsthum ins Ungeheure angelegt hat, ein recht ödes Ansehen. Denn alle die Baustellen liegen uncultivirt da, nur von Unkraut und Prairiegras bewachsen, und erst an der Grenze des Weichbildes wird das Auge des Reisenden wieder durch die Zeichen der menschlichen Cultur erfreut, mit welchen der Farmer das Land gezeichnet hat.

Zahlreiche Zuckerfabrikprojecte durchschwirrten die Umgegend, von denen bis jetzt jedoch keins verwirklicht worden ist. Auch liegen gegenwärtig die Aussichten schlechter als je, wegen der allgemeinen Geldnoth in Folge der Silberkrise und der Unsicherheit der Erhaltung der Staatsprämie unter dem demokratischen Regiment, trotzdem ausser dieser Prämie ein Staatengesetz in Süd-Dacota für daselbst fabrizirten Rübenzucker eine Prämie von 10 cent für das Pfund Zucker und 2 cent für die Gallone Melasse (!!) in Aussicht stellt. Ausgenommen einige Projectenmacher[1] beurtheilte man hier allgemein die Bestrebungen in Nebraska sehr nüchtern und stellte ihnen keine günstige Zukunft in Aussicht.

Die mir bekannten Farmer führten gegen den Rübenbau alle die ungünstigen Momente in's Feld, welche sich in Nebraska schon störend geltend gemacht haben. Ungunst der Frühjahrswitterung, trockene Winde, früher Frost, theuere Löhne. Sie behaupteten, dass auch im nahen Norfolk die Stimmung unter den unabhängigen Farmern immer mehr und mehr gegen den Rübenbau überhand nehme und dass die Er-

---

[1] Anmerkung: Man legte mir bei meiner Ankunft einen Zeitungsausschnitt betreffend ein Zuckerfabrikproject in Sioux Fall vor, welches so charakteristisch für die Art ist, in welcher man bei den Farmern Stimmung zu machen sucht, dass ich nachfolgend es übersetze:

Rübenzuckerfabrik in Dacota!!

Ein Sachverständiger giebt interessante Aufschlüsse!!!!

Die Verhältnisse hier sind der Rübenzuckerindustrie günstige!!!!

Aus dem Sioux Fall Argus-Leader! Es ist gar keine Frage mehr, dass in beiden Dacotastaaten und in Minnesota Boden und Klima dem Zuckerrübenbau äusserst günstig sind, ja, Süd-Dacota besitzt manche klimatischen Vortheile im Vergleich zu Nebraska, denn wir haben im Sommer verhältnissmässig weniger von den heissen Winden zu leiden, die in Nebraska so vorwiegen, wo doch 2 Rübenfabriken mit Erfolg arbeiten. Es ist ein Irrthum, dass Frost den Rüben schadet, vielmehr ist er ein Vortheil, weil sich die Rüben bei kaltem Wetter besser halten, als bei warmem oder beim Wechsel zwischen kaltem und warmem. Analysen von Rüben in Brookings ergaben ungefähr 118 Proben, dass dieselben ebenso gut als in Deutschland und Frankreich waren, die Hälfte der Proben enthielt über 14 % Zucker, während 12 % für Fabrikrüben schon genügt. In Belgien haben sie mit dem Lehmboden an der See sogar nur 10 %! Freilich muss die Ausbeute des Herrn Miner, welche 95 tons (1900 Ctr.) per Acker betragen haben soll, auf einer irrthümlichen Angabe beruhen. Aber in Washington, Minnesota wurden in der That 32 Tonnen (400 Ctr. pro preussischen Morgen) geerntet, das ist ungeheuer, und bringt die Tonne zu 4 Doll. 128 Doll. Das ist genügend, um zur Gründung von Zuckerfabriken anzureizen, aber wir haben noch einen andern grossen Vortheil über Deutschland und das übrige Europa. Wir brauchen nicht 80 Pfennige für den Centner Rüben, das sind etwa 2 cent für das Pfund Zucker Steuer zu bezahlen, sondern wir erhalten im Gegentheil 2 cent Prämie von der Regierung. Die Prämie könnte freilich zurückgezogen werden, das scheint aber nicht geschehen zu sollen. Folglich haben wir vor Deutschland einen Vorsprung von 4 cent pro Pfd. (der Autor weiss nicht, dass der exportirte deutsche Zucker nicht mit der Steuer belastet ist!). Ausserdem giebt Süd-Dacota eine Extra-Prämie von 1 cent

fahrungen dieses Jahres die Abneigung wesentlich verstärkt hätten.

Wie plötzliche Witterungsumschläge in dortiger. Gegend auch im August eintreten, davon bot Sioux City zur Zeit meines Besuches ein lehrreiches Beispiel. Es war nämlich eben einer jener furchtbaren Gewitterstürme niedergegangen, welche dort so häufig sind. Derselbe hatte die ganze untere Stadt unter Wasser gesetzt, Häuser zum Einsturz gebracht und solche Schlammhaufen von den ungepflasterten Bergstrassen in's Thal geschwemmt, dass man mehrere Tage brauchte, um die Strassen wieder nothdürftig zu reinigen.

Besichtigung von Gütern bei Sioux City.

Durch Vermittelung eines Farmers wurde ich mit einem Güteragenten kekannt, welcher sich erbot, mir einige zum Verkauf stehenden Besitzungen zu zeigen. Darauf ging ich mit Freuden ein und in Folge dessen sass ich am 26. August früh um 7 Uhr morgens abermals

---

für das Pfund Zucker und 2 cent für die Gallone Melasse. Also wir können besser Zucker in Süd-Dacota als in Europa machen mit besseren Rüben, als in Europa, ohne Steuern und mit 3 cent (12 Pfennige) Prämie pro Pfd. Für den Anfang wäre eine Fabrik von 2000 Ctr. Verarbeitung genügend, bei deren Bau spätere Vergrösserung vorgesehen werden müsste. Für den Fabrikbau ist ein Terrain von 2 Acker nöthig, 8 Acker für Rübenaufbewahrung. Eisenbahn, reines Wasser und Gelegenheit zur Beseitigung der Abfälle muss am Platze vorhanden sein. Folgendes ist ein Kostenanschlag für eine complete von Deutschland zu beziehende Fabrik:

	Gewicht Kilo	Dollars
Maschinen u. s. w. im Rübenhaus	15 250	2 229
Apparate für Diffusion etc.	42 290	6 747
Kochraum, Vacuum, Verdampfapparate und Zubehör	79 700	14 103
Filter, Filtrirmasse, Filterthurm, Kalkofen	27 310	2 858
Maschinen für das Zuckerhaus, Centrifugen etc.	17 764	3 393
Dampfkessel	61 520	6 455
Blecharbeit	39 470	3 097
Verschiedenes	90 035	10 887
	383 339	49 779

Also rund 50 000 Dollar, wozu 6 % für Fracht und Versicherung zuzuzählen sind. Zwei Drittel des Gewichtes und ein Drittel des Preises würden abgehen, wenn die Fabrik hier statt in Deutschland fabricirt würde! Da Kesselhaus, Knochenkohlenhaus massiv zu errichten sind, die übrige Fabrik aber aus Holz oder aus anderem billigen Material kommen zu obigen 50—55 000 Dollar weitere 10 000 Dollar. 10 % für die Versicherung u. s. w. dazu, giebt 66—71 000 Dollar. Als Betriebskapital rechnen wir 29 000 Dollar, also sind rund 100 000 Dollar erforderlich. Die Verarbeitungskosten betragen 2—3 Dollar per Tonne Rüben, der Preis der Rüben 4 Dollar. Man kann auf 12 % Ausbeute an Granulated rechnen (in Grand Island war die Ausbeute 13,3 %), 3 % Melasse, 50 % Schnitzel, welche die Farmer umsonst

mit dem Agenten und dem Farmer in einem leichten Jagdwagen aus einem Leihstall. Wir hatten über 50 engl. Meilen Landfahrt hin und zurück durch unwirthsame Gegenden vor uns und ich hatte deshalb für Proviant gesorgt. Beim Einkauf freute ich mich über das urwüchsige Wesen und das Gleichheitsgefühl der Handlungsbeflissenen in Sioux City, ich verlangte nämlich einige leere Cigarrenkisten, die ich zu Erdproben zu benutzen gedachte, worauf der Commis dem Jungen im Laden zurief: „Gieb diesem Burschen doch einige von den leeren Kisten", allerdings erhielt ich letztere dann unentgeltlich. Wir kreuzten zunächst den Missouri und kletterten dann das Flussthal bergan. Das Terrain in diesem Theile Jowa's ist wellig, ganz ähnlich wie bei Norfolk, nur sind die Hügel etwas höher. Meilenweit wohl eine Stunde fuhren wir zunächst durch verödete Baustellen, hin und wieder tauchte aber auch in weiter Entfernung von der eigentlichen Stadt ein vereinsamter, meist mit hocheleganten Häusern bebauter Strassenzug auf. Die elektrische Bahn, welche die Bewohner nach der Altstadt Sioux City führt, begleitete uns bis an das Ende des Weichbildes. Hier fängt es an freundlich zu werden, im tiefsten Thale Nutzholz, manchmal auch Obstbäume und grüne Wiesen, an den Abhängen Maisfelder, auf der Höhe Weideland, hin und wieder auch ein blau

---

oder doch sehr billig zurückerhalten, und 4—6% Schlamm, der einen werthvollen Dünger vorstellt. Mr. Robertson in Chino Californien bepflanzte 10 Acker mit Rüben, welche er für 4,5 Dollar an die Fabrik verkaufte. Er erntete 21½ Tonne per Acker, erhielt also 901,12 Dollar. Die Unkosten betrugen:

Pflügen und Eggen........	20 Dollar
Saatgut 14 Pfd. pro Acker	15 „
Verziehen	44 „
Hacken	18 „
Bearbeitung mit dem Cultivator	78 „
Transport zur Fabrik	107 „
Gesammtunkosten	282 Dollar
Nettoverdienst . .	619,12 Dollar
Profit pro Acker	61,91 „

Es wird nun weiter auf die Arbeiten der Versuchsstation in Schuyler verwiesen, wo gezeigt worden wäre, dass selbst an diesem ungünstigen Platze, der nicht so viel Feuchtigkeit habe als Süd-Dacota und Minnesota, mehr und bessere Rüben als in Deutschland geerntet worden seien, der Bericht fährt dann fort:

Die Fabrik zu 100 Tons täglicher Verarbeitung angenommen, können in 180 Tagen 18 000 Tonnen Rüben verarbeitet werden. Die Ausbeute zu 12% weissen Zucker angenommen, in Nebraska wurden 13 erhalten, und der Zuckerpreis zu 4 Cents, also 80 Dollar pro Tonne, ergiebt folgende Gewinn- und Verlustberechnung:

2180 Tonnen Zucker à 80 Dollar	72 800 Dollar
360 Tonnen Melasse à 40 Dollar	14 400 „
9000 Tonnen Futter à 1 Dollar	9 000 „
Zusammen	160 200 Dollar

blühendes Flachsfeld. Man erzählte mir, dass die oft gemachten Versuche, Flachsspinnereien anzulegen, sich als nicht rentabel erwiesen hätten, dass aber in Sioux City eine Leinölmühle bestehe. Ich besuchte dieselbe am folgenden Tage. Allmählich gewöhnte sich das Auge an die Scenerie, der Flachs verschwand gänzlich, es folgte Berg und Thal, soweit das Auge reicht, mit Prairiegras oder Mais bewachsen. Der eintönigen Frage des Agenten: „Ist das nicht schöner Mais", ergeht eintönig unsere bejahende Antwort, die Sonne steigt höher, die Pferde und auch wir ermüden, endlich um 1 Uhr sind wir zur Stelle. Lang gestreckt, genau quadratisch liegt die Farm, welche zum Verkauf steht, vor uns, von einem mit Holz bewachsenen Bächlein durchflossen. Wir durchfuhren die 280 Acker grosse Besitzung, bis wir an die fast genau in der Mitte gelegenen Wirthschaftsgebäude gelangten. Wie landesüblich waren sie nach Norden begrenzt durch ein Kanicht von Nadelholz, in welchem

```
          Die Unkosten würden sein:
   18 000 Tonnen Rüben à 4 Dollar . . . . . .  72 000 Dollar
   Löhne und Unkosten (per Tonne 2,77 Dollar)  49 860    „
                          Zusammen  121 860 Dollar
   Unterschied im Lohnsatz zwischen Deutsch-
     land und Dacota bezw. Minnesota auf
     die Tonne Rüben 65 Cents . . . . . . . . .  11 700   „
                                    133 560 Dollar
   Zinsen des Kapitals von 100 000 Dollar mit 8%   8 000  „
   Abschreibungen auf Maschinenconto etc. 7%      3 500  „
   Unvorhergesehene Ausgaben . . . . . . . . .    3 000  „  .  148 060 Dollar
                                    Netto-Verdienst   48 140 Dollar
   Dazu Prämie der Vereinigten Staaten für 2160 (oben waren 2180
     angegeben) Tonnen Zucker (per Tonne 40 Dollar) . . . . . .  86 400  „
   Prämie von Süd-Dacota (20 Dollar per Tonne) . . . . . . . . .  43 200  „
   Prämie für die Melasse (2 Cent per Gallone = 5 Dollar per Tonne)  18 000  „
                                    Total-Verdienst   179 540 Dollar
```

also ein Profit von 9,97 Doll. auf die Tonne.

NB. Der Zuckerpreis ist nur mit 4 cent per Pfund angenommen und sind nur 2 statt 3 % Melasse gerechnet.

Das von Albert H. Meyer, Chemiker und Zuckersachverständiger, unterschriebene Exposé schliesst mit dem Hinweis, dass 30 000 Doll. von den erforderten 100 000 in Sioux Fall gesichert seien und dass angesehene Bürger auch das Bauterrain für die Fabrik kostenfrei hergeben wollten. Wie sehr man dort zu Lande gegen solche mit Uebertreibungen und Unrichtigkeiten angefüllte Angaben misstrauisch geworden ist, geht aber schon aus dem Umstande hervor, dass es nicht gelungen ist, das nöthige Kapital für den Bau der Fabrik zusammenzubringen. In ähnlicher, wenn auch nicht ganz so starker Weise, sind nach der Meinung aller unabhängigen Amerikaner, welche ich gesprochen habe, auch die meisten anderen Unkostenberechnungen für den Rübenanbau zu Gunsten eines hohen Gewinnes übertrieben, weshalb denselben zumeist kein Werth beizumessen ist.

die Schweine und Ferkel lagen, im Osten durch einen Hain von Zuckerahorn. So vereinigte sich das Nützliche mit dem Angenehmen, indem das Gehölz die Schweine und das anstossende Wohnhaus für den Farmer und den Viehstall auf der Wetterseite schützt.

Zunächst gaben wir und unsere Pferde uns eine Weile der Ruhe hin, und nahmen unsere Mahlzeit ein, während der Farmer, sein Sohn und zwei Knechte uns zuschauten. Meine Begleiter konnten sich nicht genug darüber wundern, dass der Farmer mit zwei Knechten wirthschafte, die hier täglich 1 1/2 Doll. Lohn und freie Kost für sich und ihr Pferd erhalten. Im Westen nämlich kommen im Frühjahr die Landarbeiter, welche sich verdingen wollen, im eleganten Einspänner auf die Farmen, Pferd und Wagen sind häufig feiner, als der Arbeitgeber sie besitzt, das Pferd geht mit den Thieren des Farmers in die Koppel, wird aber nicht zur Arbeit benutzt, nur Sonntags dient es seinem Besitzer zu Spazierfahrten, an denen mit Vorliebe die Töchter des Hauses oder auch der Nachbarn Theil nehmen.

Voll Stolz zeigte mir der Farmer seine Schweine, wie allerwärts hier schwarz und klein, englischer Abstammung. Diese Thiere erweisen sich gegen die Witterungswechsel widerstandsfähiger als die weissen Racen, auch werden sie wegen ihrer grossen Fruchtbarkeit geschätzt, denn eine Sau wirft nicht unter 6—8 Ferkel. Allerdings ist die Race klein und ein fettes Schwein wiegt selten über 200—300 Pfd. Die Zahl der Schweine, die in dem Wäldchen lagen, betrug über 100, daneben eine stattliche sehr grosse Sau, die sich erst auf das eindringliche monoton langgezogene ho, hoi, ihres Besitzers zeigte.

Ich füllte meine Schachteln mit Erdproben, die ich bis zur Tiefe von 1 Meter am Abhange nahm. Ueberall herrschte hier tiefgründiger, äusserst humusreicher Lehmboden, anscheinend fruchtbarer als in der Norfolker Gegend. Mit voller Ueberzeugung konnte ich die Frage des Agenten, ob der Mais nicht schön sei bejahen, kam aber bald darauf grade dadurch, dass die Felder so dicht standen, in grosse Noth. Ich ging nämlich mit dem Farmer in ein Maisfeld hinein, um mich von dem Stand der Pflanzen im Innern zu überzeugen, wir konnten aber nicht wieder herausfinden. Nach einigem Umherirren gingen wir stets in der Richtung unseres Schattens vorwärts, geriethen dabei an einen Sumpf, der mitten im Felde lag, und erst nach langem Umwege ins Freie. Dabei beobachtete ich, was ich auch später in Kansas und in Missouri wieder fand, dass zahllose Pflanzenschädlinge, vor allem aber Unkräuter und Schmarotzerpflanzen in Folge der oberflächlichen Cultur das Gedeihen des Mais beeinträchtigen.

Der Preis des Gutes sollte 7500 Doll. betragen bei 280 Acker Fläche, das Geld zu ein Drittel baar bezahlt werden, zwei Drittel 5 Jahre zu

7 °/₀ stehen bleiben. Zur Bewirthschaftung wurden von meinen Begleitern zwei, höchstens drei Mann, der Besitzer inbegriffen für ausreichend erachtet, man rechnete mir vor, dass es landesüblich sei, 25 Kühe und 100—120 Schweine zu halten, an Pferden nur die nothwendigen Gespanne, da an der Pferdezucht nichts zu verdienen sei. Es seien 12 Arbeitspferde und 8 Fohlen und einige Mutterstuten vorhanden. Den Zucker aus dem Ahornwäldchen verzehre der Farmer selbst, der Verkauf der Schweine möchte die Zinsen bringen. Geld verdient könne nur werden, durch Mastung von Ochsen im Winter, von denen etwa 40 Stück zu halten seien, dazu gehöre kein baares Geld, da derselbe Händler, der das Magervieh antreibe, das fette wieder übernehme und im Frühjahr die Differenz auszahle. Dabei könne das Lebendgewicht des Magerviehes zu 800 Pfd. à 3 Cent angenommen werden, während das Fettgewicht zu 1200 Pfd. und der Preis etwa $3^1/_2$—4 Cent einzusetzen sei, also Preis des Magerviehs etwa 24 Doll., des fetten 42—48 Doll. per Stück.

Der mir als ein ehrlicher Mann bekannte Landwirth, welcher mich mit herausgeführt hatte, gab mir bei dieser Gelegenheit über seine eigene Wirthschaft folgende Aufschlüsse, welche ich anführe, da ich die Zahlen für vertrauenswerth halte. In Süd-Dacota, wo er ansässig war, ebenso wie in Nebraska bewirthschaften die wenigsten Besitzer ihre Güter selbst, dieselben werden entweder gegen $^1/_3$ der Ernte, oder gegen eine entsprechende Baarsumme verpachtet. Mein Gewährsmann hatte gegenwärtig 160 Acre in Pacht, davon 120 Acre unter dem Pfluge, 40 Acre waren Weideland.

Der Viehbestand war 40 Stück Rindvieh, 8 Pferde, 10—12 Schweine. Trotz aller Vorsicht erfrieren im Winter, besonders dem Jungvieh in den Stallungen, Schwänze und Ohren.

80 Acker sind mit Weizen, 20 mit Mais, 20 mit Hafer und Kartoffeln bestellt, Stallmist wagt man nicht anzuwenden, weil der Boden dadurch aufgelockert wird und sich im Hochsommer alsdann zu sehr erwärmt!!! Das Vieh wird mit Hilfe des Strohs und etwas Heu durchwintert, welches man an tiefen Stellen der Prairie schneidet. Die sämmtliche Feldarbeit besorgen 2 Mann, Vater und Sohn, im Hause und Hofe helfen zwei erwachsene Töchter. Zum Lebensunterhalt dienen in der Hauptsache Milch, Butter, Eier und Hühner. Fleisch wird nicht oder doch sehr selten gekauft, gewöhnlich nur wenn irgendwo ein Stück Vieh zu Schaden gekommen ist und abgestochen werden muss. Zucker- und Colonialwaaren werden fast nirgend gegen Baar, sondern im Tauschhandel gegen Eier und Butter beim Krämer erworben, der anderseits wieder den Verkauf der Cerealien vermittelt und sich bei dieser Gelegenheit für vorhandene Aussenstände bezahlt macht.

Die Ernten sind unsicher, alle 4—5 Jahre hat man bestenfalls einmal 15—20 Bushel Weizen auf den Acker (1 Bushel = 60 Pfd. engl.), in schlechten nicht über 4—8 Bushel zu erwarten. In Folge der niedrigen

Weizenpreise, am Orte 35—40 Cent per Bushel und in den letzteren Jahren niemals über 80 Cent, ist der Weizenbau auch in Süd-Dacota nicht mehr rentabel und unser Farmer beabsichtigte zur Viehzucht überzugehen. Alle Früchte werden aus Sommersaaten gezogen, Wintergetreide kann wegen der Kürze der Vegetationsperiode, die von Mitte Mai bis Ende August währt, nicht gebaut werden, im August kommen schon Nachtfröste vor, und der Mais wird häufig nicht reif. Einige hundert Meilen südlich ist es freilich wesentlich anders, für den Rübenbau eignet sich aber nach meinem Gewährsmann, der in seiner Jugend auf den Gütern des Herrn von Eckardstein in Thöringswerder die Landwirthschaft erlernt, in Proskau studirt und etwa 20 Jahre in Deutschland gewirthschaftet hatte, Süd-Dacota durchaus nicht, aber auch Nebraska längst nicht in dem Maasse wie europäische Rübenländer.

Die Regenperiode dauert in Süd-Dacota in der Regel vom Frühjahr bis in den Juni hinein, dann folgt entsetzliche Dürre, die im Juni durch glühend heisse Winde verschärft wird.

Weiter erfuhr ich, dass die Schafzucht versucht sei, Preis eines Schafes $3^1/_2$ Dollar, aber keine grosse Verbreitung gefunden habe. Die Schweinerace ist dieselbe wie allerwärts im Westen, nämlich die erwähnte schwarzen, die mager, 100 Pfd. schwer, etwa 6—7 Dollar werth sind, fett auch nur 200—300 Pfd. wiegen. In der Rindviehzucht verdrängt das Holsteiner Vieh die Yersey-Kühe; vielfach sieht man die sog. Muddogs, denen die Hörner jung abgeschnitten sind. Als Zugthiere sind wie auch in Nebraska Maulthiere sehr beliebt, von denen auch die Zuckerfabrik in Norfolk ein Gespann besass.

Die Versuche, Rüben aus Samen zu bauen, welchen das Department of Agriculture an meinen Gewährsmann und seine Nachbarn geschickt hatte, waren völlig verunglückt, die Pflanzen waren in der heissen Zeit gänzlich zu Grunde gegangen. Seine pessimistische Ansicht betreffs Nebraskas begründete er auf mein Befragen damit, dass seiner Ueberzeugung nach dort die Farmer, ebenso wie in Süd-Dacota zeitweise auf vollständige Missernten rechnen müssten, und dass, wenn dies einmal passirt sei, sich in Anbetracht der Kosten des Rübenbaues die Leute nie wieder dazu verstehen würden[1]). Diese Ansicht stimmt mit meinen

---

[1]) Anmerkung. Ich rieth dem Farmer, ehe er sich hier ankaufe, doch in Erwägung zu ziehen, ob er nicht nach Norfolk in Nebraska übersiedeln wolle und erhielt darüber von ihm folgendes vom 3. December 1893 datirte Schreiben: „Auf Ihren Rath wandte ich mich nach Norfolk, Nebr. Die Farmer daselbst lassen den Rübenbau wieder fallen und bauen wieder Mais, da die Rüben zu viel Handarbeit bedingen und die Erträge von Mais durchschnittlich höher als von Rüben sind. Ausserdem liegt Norfolk ähnlich ungünstig, wie mein jetziger Aufenthalt H. in Süd-Dacota, und wurde mir dort das eingerichtete Farmland mit Gebäuden pro Acker mit 8—10 Doll. angeboten, ein Zeichen, dass die Erträge sehr unsicher. So weit ich übersehen kann, wird die Fabrik schon in diesem Jahre Mangel an Rüben leiden."

eigenen Beobachtungen in Grand Island, sowie den Aeusserungen unabhängiger Einwohner dieses Staates überein.

Weiterhin führte mich der Agent nach einer grossen zum Verkauf stehenden Wirthschaft, welche 4000 Acre umfasste. Das Land lag in einer fruchtbaren, weit ausgedehnten Niederung, welche ein Vorbesitzer durch Anlage eines grossen Kanals entwässert hatte; nur etwa die Hälfte der Fläche war in Cultur und ausschliesslich mit Mais bestellt, der Rest war Weideland, welches von 2000 Rindern und 400 Pferden begrast wurde. Die Feldbestellung und das Vieh inclusive über 1000 Schweinen, welche in dem Gehöft frei herumliefen, wurde in den Zeiten der härtesten Arbeit mit 28, gegenwärtig mit nur 18 Mann besorgt. Der Preis pro Acker wurde zu 40 Dollar angegeben und die Höhe damit motivirt, dass künstliche Entwässerung und gute Stallungen, an denen es sonst dort meist fehlt, vorhanden waren. Leider mussten wir unseren Besuch abkürzen, denn drohend stieg dunkles Gewölk am Himmel auf, der Abend nahte und wir waren noch über 12 englische Meilen von Sioux City entfernt. Trotz aller Eile überraschte uns der Gewittersturm auf dem Heimwege, in kurzer Zeit verwandelten sich die Wege in kleine Giessbäche, bald wurde der Lehm weich, die schmalen Radreifen drückten sich tief in den Boden ein, und an den Füssen unserer ermüdeten Pferde hingen dicke Lehmklumpen, die ihnen das Vorwärtskommen erschwerten, häufig glitten die armen Thiere aus, kurz es war eine beschwerliche Fahrt. Spät Abends erreichten wir im Schritt Sioux City.

Nachdem ich am folgenden Tage daselbst noch eine Maismühle besucht hatte, um die Gewinnung des Negermehls anzusehen, welches wegen seines Oelgehalts die Brauer verschmähen (vergl. den Bericht über den Besuch der Pabstbrauerei in Milwaukee), ferner die Leinölmühle, die Gasanstalt und die electrische Centralstation für die Strassenbahnen besichtigt hatte, begab ich mich zurück nach Nebraska, indem ich über Omaha nach Lincoln reiste.

Besuch von Lincoln (Nebraska) am 29. August.

Bei meiner Ankunft in Lincoln erwartete mich der Assistent des Professor Nicholson, Herr Dr. Frankforter, welchen ich von seiner Studienzeit in Berlin her kannte, an der Bahn, um in der den Fremden so wohlthuend berührenden liebenswürdigen Manier der Amerikaner die Führung zu übernehmen. Lincoln zeichnet sich dadurch vor den anderen Städten des Westens aus, dass es vollständig massiv gebaut ist, selbst die Strassen sind mit sehr harten, rothen Ziegelsteinen gepflastert, was ihnen ein eigenthümliches Aussehen giebt. Leider war die Ziegelei, welche dieses Material lieferte „die grösste der Welt", versicherte man mir, —

diesen Ausdruck darf man in Amerika freilich nicht allzu wörtlich nehmen — eben abgebrannt, so dass ich sie nicht besichtigen konnte.

Auf dem Marktplatz von Lincoln sprudelt, als Brunnen geschmackvoll gefasst, eine starke Soolquelle hervor, welche früher zur Salzsiederei benutzt wurde. Die Saline ist aber eingegangen, nachdem in dem nahen Kansas bei Hutschison mächtige Salzlager entdeckt worden sind, welche auch Nebraska versorgen. Letzterer Staat besitzt übrigens eigene ausgedehnte Salzlager, doch fern von den Eisenbahnen und deshalb zur Zeit noch nicht aufgeschlossen.

Wir begaben uns nach der Staatsuniversität, — Lincoln hat auch mehr als ein „halbes Dutzend" sogenannter Privatuniversitäten —, an welchem Professor Nicholson docirt. Augenblicklich studiren an dieser Universität 600 junge Männer und 500 junge Mädchen. Die Hörsäle haben in der Mitte einen Gang, der die Geschlechter trennt, zur Linken sitzen die Herren, zur Rechten die Damen. Sonst herrscht ein zwangloser Verkehr zwischen den Studirenden, man arbeitet gemeinschaftlich zu Hause, an Stelle unserer Commerse finden im Wintersemester mehrere Bälle statt. Sehr selten sollen Verletzungen der guten Sitte vorkommen. Im Laboratorium hatte man in der Mitte der Arbeitstische, wo die Reagentien untergebracht sind, eine hohe Scheidewand gezogen. Dies fiel mir auf, da dieselbe viel Licht wegnimmt, und ich fragte nach der Veranlassung zu dieser eigenthümlichen Einrichtung. Man wolle verhindern, dass wenn ein Herr und eine Dame gegenüber arbeiteten, zu lebhafte Gespräche geführt werden, lautete die Antwort.

Professor Nicholson setzte mir ausführlich seine Ansichten über die Zukunft der Rübenzuckerindustrie in Nebraska auseinander. Zweifellos sei es, so sagte er, dass man gute Zuckerrüben daselbst ziehen könne, allerdings sei geeigneter Boden nicht in solchem Umfange vorhanden, wie man anfangs angenommen habe. Als Rübenböden könnten hauptsächlich nur die Flussthäler gelten, weil daselbst in der Nacht feuchte Nebel herrschen, die während der trocknen Zeit die Rüben erhalten, und im Herbst die für die Zuckeranhäufung so nöthigen kühlen Nächte erzeugen. Trotz der hohen Staatsprämie, so meinte Prof. Nicholson, sei an ein rasches Aufblühen der Rübenzuckerindustrie in Nebraska nicht zu denken. Zwar seien die Unkosten des Rübenbaus nicht zu gross, aber das Land sei noch nicht reif dazu. Wir haben, fuhr Prof. Nicholson ungefähr wörtlich übersetzt fort, dreierlei Arten von Farmern hier in Amerika zu unterscheiden.

Klasse I hat kein Geld, macht das Neuland nur oberflächlich urbar, und zieht dann weiter.

Klasse II hat etwas Geld, versteht wenig, bewirthschaftet allein eine ziemlich grosse Fläche und ist zum Rübenbau ungeeignet. Diese Klasse ist gegenwärtig fast ausschliesslich in Nebraska vertreten,

Klasse III hat viel Geld, Intelligenz und Kenntnisse wie die grösseren deutschen Landwirthe, diese Klasse findet sich besonders in den Oststaaten. Erst wenn Klasse III in Nebraska überwiegend ist und Klasse II verschwindet, würde es Zeit sein in Nebraska mit der Rübenzuckerfabrikation zu beginnen, so lange dies nicht geschehen, und es kann noch viele Jahre dauern, wird nach Professor Nicholson's Ansicht auch die hohe Staatsprämie die Rübenzuckerindustrie in Nebraska nicht zur Blüthe bringen!

Am Nachmittag führte mich Prof. Nicholson nach den Versuchsfeldern der Universität, die seit einiger Zeit nicht mehr unter seiner Aufsicht stehen. An den Rübenversuchen hat gegenwärtig niemand rechtes Interesse, da man keine besonderen Hoffnungen mehr daran knüpft, auch die Versuchsstation in Schuyler vorhanden ist, und es überflüssig erscheint, Parallelversuche mit dieser anzustellen. Die Rübenfelder sahen denn auch recht verwahrlost aus, alle möglichen Rübensorten wuchsen durcheinander, anscheinend aus einem zusammengemischten Samen stammend, die Pflanzen waren weder gehörig verzogen, noch gehackt, der Boden steinhart und mit Unkraut bedeckt. Dementsprechend waren die Rüben schlecht entwickelt, unregelmässig gewachsen und vermuthlich sehr zuckerarm. Der Anblick zusammen mit den Aeusserungen des Professor Nicholson, stimmte meinen Eifer, noch weitere Rübenfelder in Nebraska zu besichtigen so herab, dass ich beschloss, es bei dem Gesehenen bewenden zu lassen und am nächsten Morgen nach Topeka in Kansas reiste. Vorher führte man mich in Lincoln noch in eine Papier- und Pappfabrik, in welchen Strohpappe hergestellt wurde, die aber nichts sonderlich berichtenswerthes bot. Neun artesische Brunnen lieferten dieser mitten in der trockenen Prairie gelegenen Fabrik das Betriebswasser! Auch die Strafanstalt zeigte man mir, „weil daselbst die Gefangenen arbeiteten", nur schwer konnte ich meinen Führer davon überzeugen, dass dies auch in Europa stattfinde. Die Bauart des Gebäudes war merkwürdig genug, in ein grosses Gebäude war mitten hinein ein kleines gesetzt, in welchem die Gefangenen hinter dem Gitter sassen, wie die Raubthiere in einer Menagerie. Jede Zelle trug einen Vermerk, welcher in kurzen Daten das Nationale des Inhabers, den Tag der Einsperrung und die Strafzeit u. a. m. angab. Unter den Gefangenen befanden sich auffallend viel Neger, welche meist sehr schwere Verbrechen büssten.

Washington, am 4. September 1893.
Unterredung mit dem Landwirthschaftsminister der Vereinigten Staaten Herrn Sterling Morton.

Des Zusammenhanges halber füge ich hier mit Ueberspringung meines Aufenthaltes in Topeka in Kansas und in St. Louis die Beschreibung meiner Erlebnisse in Washington an. Nach einer einen Tag und zwei Nächte währenden Fahrt von St. Louis langte ich in dieser Stadt früh morgens um 7 Uhr an, in Folge der vortrefflichen Schlafwageneinrichtungen der Pensylvania Eisenbahn trotz grosser Hitze so frisch, als ob ich die Nächte zu Hause verbracht hätte. Die europäische Reinlichkeit in den Strassen, die massive Bauart der Häuser und Villen, die asphaltirten Strassen Washingtons erweckten in mir ein behagliches Gefühl, denn diese Dinge vermisst der Europäer im Westen gar sehr. Im Arlingtonhotel, einem alten zumeist aus Holz gebauten vielstöckigen Hause, welches trotzdem den ersten Ruf sich bewahrt hat, herrschte reges Leben, da die ausserordentliche Sitzung des Congresses zur Lösung der Silberfrage gerade auf dem Höhepunkt stand, auch Claus Spreckels war eben eingetroffen, um für eine Regelung der Verhältnisse auf den Sandwich-Inseln in seinem Interesse zu wirken. Ich begab mich zuerst zu dem deutschen Botschafter, Freiherrn von Saurma, an welchen ich, ebenso wie an die deutschen Consuln in den besuchten grösseren Plätzen durch directen Erlass vom Auswärtigen Amt empfohlen worden war.

Der Botschafter, welcher erst seit ungefähr 8 Tagen seinen neuen Posten angetreten hatte, empfing mich sehr freundlich, plauderte ein viertel Stündchen mit mir, wobei er mir über die Ernteaussichten seiner engeren schlesischen Heimath erzählte und wies mich darauf an den Gesandtschaftssecretär Baron von Kettler. Letzterer hatte mich bereits vorher an den Ackerbauminister empfohlen, was ich aber noch nicht wusste, und stattete mich nun nochmals mit einer Einführungskarte aus. Mit dieser versehen begab ich mich nach dem am Weichbilde der Stadt, nicht weit von dem grossen Obelisken gelegenen Ackerbauministerium. Der Minister war nicht anwesend und wurde erst nach Schluss der Senatssitzung erwartet, ich ging deshalb weiter nach dem chemischen Laboratorium, welchem Herr Wiley vorsteht. Das Institut, aus welchem jahraus jahrein so viele umfangreiche Berichte hervorgegangen sind, die auch in Deutschland ständiges Interesse erregt haben und drüben vielfach anregend und fördernd wirkten, ist in einem nach dem Muster der amerikanischen Einfamilienhäuser gebauten 4 Stockwerk hohen kleinen Hause mit Ziegelrohbaufacade untergebracht. Dementsprechend fehlt es an einem grösseren Arbeitsraume, die innere Ausstattung nach europäischem Muster ist im übrigen reichhaltig. Herr Wiley übernahm sogleich meine Führung durch Washington, zunächst nach dem Ministerium des Innern, einem mächtigen Gebäude, in welchem auch das Patentamt untergebracht ist. Der Tag war sehr warm, die Thüren der einzelnen Bureaus an den endlosen Corridoren waren weit geöffnet, so dass man die Räthe (Clercs) bei ihrer Arbeit beim Vorbeigehen sitzen sehen konnte. In jedem Zimmer befinden sich ausser dem Chef eine bis zwei Damen, welche stenographiren, und mit der Maschine schreiben, daneben meist noch ein männlicher Secretär. Die Bedienung und das Reinhalten der Bureauräume besorgen Negerinnen. Wir traten in mehrere Bureaus, in denen eine ziemliche Aufregung herrschte wegen des gerade stattfindenden, durch den Sieg der Democraten bei der Präsidentenwahl verursachten Personenwechsels in den oberen Stellen. Der Minister war nicht anwesend, aber sein erster Rath, welcher mir auf meine Bitte zusagte, mir die zehnjährige Statistik der Industrie der Vereinigten Staaten regelmässig nach dem Erscheinen zu senden. Der deutsche Consul in St. Louis hatte mich auf die Bedeutung dieser noch unvollendeten und deshalb noch nicht ausgegebenen Bulletins aufmerksam gemacht. Darauf begaben wir uns in das Repräsentantenhaus, wo ich einer Senatssitzung beiwohnte. Ein Silbermann sprach gerade am dritten Tage mit klarer, aber doch ermüdeter Stimme, zahlreiches Publikum erfüllte die Tribünen, das Haus selbst aber war leer, kaum ein Dutzend Senatoren war anwesend, theils arbeitend, theils plaudernd, theils mit grossen Plänen beschäftigt, keiner sonderlich auf den Redner achtend. Der Präsident hatte die Augen geschlossen und schien zu schlafen, desgl. die Beisitzer. Auf den Stufen zur Präsidententribüne sassen eine Anzahl Knaben, welche sich mit Damen- oder einer Art Murmelspiel die Zeit vertrieben. Das harmlose Spiel der Kleinen, welche als Boten angestellt sind, um Nachrichten vom Präsidentenplatz durch das Haus zu tragen, sowie die bleierne Schläfrigkeit des Hauses standen in scharfem Gegensatz zu der Spannung, mit welcher die ganze Welt ausserhalb damals die Vorgänge im Senat beobachtete.

Unterdessen war die Zeit herangekommen, zum Ackerbauminister zu gehen. Auf dem Wege dahin machte mir Herr Wiley den Vorschlag, an der Unterredung Theil zu nehmen, da er die Gelegenheit benutzen wolle, den Minister für die Erhaltung der Rübenversuchsstation in Schuyler sowie der Sorghumstationen in Fort Scott und Medicine Lodge günstig zu stimmen, oder ihn doch wenigstens zu bewegen, die Bulletins des Laboratoriums betreffend den Nachweis der Verfälschungen von Nahrungsmitteln weiter erscheinen zu lassen, denn auch diesem Unternehmen hatte sich Herr Morton abgeneigt gezeigt. Mir war dieses Anerbieten sehr willkommen, da ich hoffen durfte auf diese Weise weit mehr vom Minister zu erfahren, als wenn ich als Fremder allein vor ihn getreten wäre.

Kaum waren wir angekommen, so wurde uns gesagt, dass der Minister uns schon erwarte und wir wurden sogleich vorgelassen. Der Minister erledigte schnell einige Unterschriften, winkte dann den Damen, welche Secretärdienste bei ihm verrichteten, das Zimmer zu verlassen und wendete sich zu mir.

Herr Sterling Morton ist ein kräftiger untersetzter Mann und macht den Eindruck eines etwa 60 jährigen. Das Gesicht voll, nicht so mager als sonst bei Amerikanern, das Auge grau und fest, die Stimme kräftig und kernig, kurz ein gesunder Landwirth, wie sie der weite Westen, wenn auch selten genug hervorbringt, das Urbild eines entschlossenen thatkräftigen Mannes. Er richtete an mich die übliche Frage, was ich von der Rübenzuckerindustrie seines Landes denke, anschliessend an meine kurze Antwort bat ich ihn mir seine Ansichten über die Aussichten der Industrie in Nebraska mitzutheilen. Kurz und scharf erwiederte er mir, dass die Rübenzuckerindustrie daselbst gar keine Aussichten habe. Als genauer Kenner des Landes wisse er, dass die Vegetationsperiode daselbst für die Zuckerrübe zu kurz, das Klima überhaupt nicht günstig genug sei. Auch fehle es zur Zeit daselbst vollständig an für den Rübenbau geeigneten ländlichen Arbeitskräften. Ich fragte darauf was er von der californischen Rübenzuckerindustrie halte.

„In Californien,"[1] antwortete er, „sind zwar die landwirthschaftlichen Verhältnisse günstiger, nicht aber die Arbeitsverhältnisse."

Darauf fragte ich den Minister, wie er über die Prämie denke, und ob es seine Absicht sei, die Aufrechterhaltung derselben zu befürworten. Herr Morton erwiderte, dass er und seine Regierung ausgesprochene Gegner der Prämie, sowohl für die Rüben- als auch die Rohrzuckerindustrie seien. Der erste Prüfstein für eine Industrie sei, dass sie ohne Staatsprämie gedeihe und so lange sie dieselbe nicht entbehren könne, sei auch die Zeit für die Rübenzuckerindustrie noch nicht gekommen. Diejenigen, welche diese Industrie jetzt schon einführen wollten, behaupteten immer, dass sie äusserst lucrativ sein würde. Wenn so viel daran sei, so sollten es doch diese Leute zeigen, indem sie mit eigenen Mitteln vorgehen. „Ich sehe nicht ein, warum wir, so lange es für uns vortheilhaft ist, und so lange die alten Nationen unsere Landesproducte nehmen, also unser Fleisch und unsern Mais kaufen, von diesen dagegen nicht den Zucker eintauschen sollen. Wir haben dabei mehr Vortheil als wenn wir ihn mit unverhältnissmässigen Kosten im Lande selbst erzeugen."

Das Gespräch kam dann auf die Sorghumzuckerindustrie und Herr Wiley glaubte damit den günstigen Moment gekommen, für Erhaltung der Versuchsstationen einzutreten. Der Minister wies ihn aber ab. Wenn etwas an der Sache ist, sagte er, mögen es die Unternehmer oder die Farmer zeigen, nicht wir, deswegen bin ich gegen die staatlichen Experimentir-Stationen, Medicine Lodge und Fort Scott liegen noch dazu unter demselben Breitengrade und haben ganz gleiche klimatische Verhältnisse, eine der beiden Stationen wäre deshalb von Anfang an nicht nöthig ge-

---

[1] In deutscher Uebersetzung, die Unterhaltung fand in englischer Sprache statt.

wesen. Alles Gegenreden blieb fruchtlos, der Minister beharrte bei seinem Plan, diese Stationen, ebenso wie Schuyler eingehen zu lassen. Herr Wiley suchte darauf wenigstens die Publicationen betreffend die Nahrungsmittelverfälschungen zu retten und ich glaubte ihn unterstützen zu können, indem ich darauf hinwies, dass in Folge der allzu grossen Freiheit auf diesem Gebiete, in Amerika vielfach als Bier ein Getränk hergestellt würde, welches der in Deutschland üblichen Definition dieses Wortes nicht mehr entspräche. Da hatte ich aber wenig Glück, denn während ich hauptsächlich die schädlichen Hopfensurrogate im Auge hatte, bezog sich der Minister in seiner Antwort auf die in den Vereinigten Staaten so verbreitete Verwendung von Mais an Stelle von Gerste in der Bierbrauerei. Er setzte mir des längeren auseinander, dass er, da der Mais eine der Gesundheit durchaus zuträgliche Frucht sei, auch nicht einsehen könne, warum er beim Bierbrauen nicht Verwendung finden könne, er halte es überhaupt nicht für Aufgabe seines Departements, der Nahrungsmittelindustrie durch Aufdeckung sog. Verfälschungen irgendwelche Fesseln aufzuerlegen. Nachdem der Minister mich sodann noch ausdrücklich bevollmächtigt hatte, den Inhalt der Unterredung zu veröffentlichen, erhob ich mich um mich zu verabschieden. Ich wurde aufs freundlichste entlassen, und Herr Morton ordnete noch an, dass mir in Zukunft sämmtliche Publicationen des Departements zugehen sollten. Etwas über dreiviertel Stunden hatte die Unterredung gedauert, deren Inhalt nachträglich von Herrn Wiley, Herrn Prof. Cuttler aus Utah, den ich hier zufällig wiederfand, und mir discutirt wurde. Die Persönlichkeit des Herrn Morton und sein entschiedenes Wesen hat einen bleibenden Eindruck bei mir hervorgerufen, als eines Mannes, der unbekümmert um äussere Einflüsse den Weg geht, welchen ihm seine Principien vorgeschrieben. Ueber die Frage der Einführung der Rübenzuckerindustrie hatte er offenbar gründlich nachgedacht und sich seine eigene Ansicht gebildet, von der ihn keine Macht der Erde würde abbringen können. Wennschon es jetzt den Anschein hat, als wenn die Prämien der Zuckerindustrie das demokratische Regiment überdauern würden, so dürfen wir deshalb annehmen, dass die Regierung wenn irgend möglich, in nächster Zeit immer von neuem dagegen ankämpfen wird, so dass sich bei Anlage von Zuckerfabriken in nächster Zeit nicht sicher mit der Prämie wird rechnen lassen.

In den vorliegenden Ausführungen wird mancher Leser ausführliche Zahlenangaben über die Kosten des Rübenbaus in Nebraska vermissen. Es wäre mir ein leichtes gewesen, mit solchen viele Seiten auszufüllen, denn an Material fehlt es in den Publicationen der Versuchsstationen und denen von interessirter Seite nicht. Ich habe davon abgesehen einmal weil ich nicht im Stande bin, den Werth dieser Angaben zu controliren, welche naturgemäss bei der in Amerika einmal notorisch vorhandenen Neigung zu Uebertreibungen noch viel kritischer betrachtet werden müssen, als europäische Ziffern — musste doch aber selbst der officielle deutsche Enquetebericht von 1884 zugeben, dass es auch für Deutschland nicht möglich sei, mit genügender Sicherheit die Anbaukosten zu ermitteln, — und ferner weil meiner Ansicht nach die Frage der Anbaukosten gegenwärtig keineswegs die entscheidende für die nächste Zukunft des Rübenbaues in Nebraska ist.

Allgemein wird anerkannt, auch von Seiten der Fabrikinhaber, dass in Nebraska sowohl als in Californien bei einem Preise von unter 5 Dollar die Tonne der Rübenbau nicht mehr rentabel genug ist, um die gegenwärtige Cultur anderer Feldfrüchte verdrängen zu können. Wenn bei den vorhandenen Kostenberechnungen in allen Fällen ein namhafter Gewinn für die Farmer herausgerechnet wird, so ist dem entgegenzuhalten, dass viele Farmer, besonders bei Grand Island, absolut nicht mehr zum Rübenbau zu bewegen sind, dass also vermuthlich in Wirklichkeit oft ganz andere Zahlen obgewaltet haben müssen. In der That finden wir in keiner der Berechnungen ein zwei- oder selbst dreimaliges Bestellen und Säen aufgeführt, wie es so häufig nöthig gewesen ist.

Fest steht ferner, was übrigens in Europa wohl längst nicht bezweifelt wurde, dass auch in Nebraska die Zuckerrübe gedeihen kann, wennschon wegen der abnormen Trockenheit des Sommers in der Regel nur in den Flussthälern (Prof. Nicholson). Das Klima des Landes ist dem Rübenbau nicht ganz so günstig als das deutsche, die trockenen Winde im Frühjahr, etwas ungünstigere Vertheilung der Feuchtigkeit, etwas kürzere Vegetationsperiode, etwas ungünstigere Reifeverhältnisse im Herbst, etwas ungünstigere Einmietungsverhältnisse und vor allem **häufigere gänzliche Fehljahre**, bilden eine wenn auch vielleicht von mancher Seite zu hoch angeschlagene Erschwerung im Vergleich mit Deutschland. Ganz zweifellos ist aber, dass die Anfangs drüben gehegte Hoffnung, in Nebraska **den günstigsten Platz der Vereinigten Staaten** für die Rübencultur getroffen zu haben, **sich als trügerisch gezeigt hat.** Sicherlich sind, auch abgesehen von Californien, andere Staaten mindestens ebenso geeignet als Nebraska. Diese Erkenntniss hat sich nicht nur bei den Behörden in Washington und Lincoln und bei den Farmern in Nebraska, welche nicht recht an den Rübenbau heran wollen, nein sogar bei den Unternehmern der Zuckerfabriken Norfolk und Grand Island Bahn gebrochen. Denn dieselben beabsichtigen nach ihren eigenen Aeusserungen, wenn die Prämie erhalten bleibt, zwar in Californien neue Fabriken zu errichten, denken aber zunächst nicht daran in Nebraska das gleiche zu thun, trotzdem auch daselbst bei der Prämie von 2 Cent und bei einem Rübenpreis von 5 Dollar die Tonne beide, Farmer und Fabrik, verdienen mögen. Der Grund für das Stagniren liegt lediglich, wie Prof. Nicholson in der Unterredung mit mir hervorhob, in dem Mangel einer zum Rübenbau befähigten Landbevölkerung. Gerade wie in manchen Bezirken Süddeutschlands nach den Aussagen der Sachverständigen der Enquête von 1884 Zuckerfabriken nicht bestehen könnten, so lange die Wirthschaftsweise der kleinen Landwirthe daselbst nicht eine ganz andere würde, ebenso wenig würde es in Nebraska der Fall sein. Der Farmer, welcher daselbst mit zwei Söhnen oder Knechten 280 Acker bewirthschaftet, während die Töchter, die sich nimmermehr zur Feldarbeit hergeben würden, das Haus und den Hof besorgen, ist auch durch hohen Gewinn nicht zu bewegen, Rüben zu säen, zu verziehen, zu verhacken oder gar künstlich zu düngen, was an vielen Stellen bald nöthig sein würde. Mit den vorhandenen Kräften könnte er dann seine Wirthschaft nicht besorgen, er müsste sich mehr Leute annehmen, wozu nirgend Neigung, vielfach das Geld nicht vorhanden ist. Diejenigen, welche es versucht haben, schrecken vor den Auslagen zurück, nachdem ihnen einmal der Samen verweht und eine Missernte eingetreten ist, was dort viel leichter als bei uns geschieht. So erklärt es sich auch, dass die Fabrik in Norfolk nicht vorwärts kommt und Grand Island im Rückgang begriffen ist, weil es an genügenden und an guten Rüben fehlt.

Wahrscheinlich haben wir deshalb gerade in Nebraska wenn überhaupt jemals, so doch in nächster Zeit schwerlich das Aufblühen einer Rübenzuckerindustrie zu erwarten. Voreilig wäre es aber, in dieser Beziehung fest auf das gegenwärtig gebildete Urtheil zu vertrauen. Wir dürfen nicht vergessen, dass zur Zeit unserer Anwesenheit in Amerika dieses Land von einer wirthschaftlichen Krisis heimgesucht war, die Jedermann trübe in die Zukunft schauen liess. Augenblicklich hatte keiner den Muth, Kapital in der Rübenzuckerfabrikation festzulegen; auch deshalb, weil die Aussichten der Prämie zu unsicher sind. Denn es wird von Niemand angezweifelt, dass mit der Prämie, die gesammte amerikanische Rübenzuckerindustrie fällt. — Gesetzt aber den Fall, die Prämie bliebe wie es jetzt den Anschein hat, in voller oder annähernd der jetzigen Höhe[1]) erhalten, so ist immer die Möglichkeit in's Auge zu fassen, dass mit Eintritt besserer Zeiten sich Capitalisten finden, welche auf dem Wege vorgehen, welcher uns wiederholt als der einzige be-

---

[1]) Nach den Vorschlägen der Tarifcommission in Washington soll die Prämie allmählich beseitigt werden, indem sie jährlich um ¼ cent verringert wird, so dass sie erst in 8 Jahren ganz aufgehoben würde. Es besteht somit die Möglichkeit, dass im Falle bei der nächsten Präsidentenwahl die Gegenpartei siegt, es niemals zur völligen Aufhebung der Zuckerprämie kommt.

zeichnet wurde, um einer Zuckerfabrik in Nebraska das nöthige Rübenquantum zu sichern: nämlich Ankauf grösserer geeigneter Ländereien,
welche gegen mässigeren als den landesüblichen Pachtzins an kleine
Leute mit der Verpflichtung, ein bestimmtes Areal Rüben zu bauen, zu
überlassen wären.

Trotzdem also gegenwärtig kein Grund für uns vorliegt, uns gerade bezüglich des Aufblühens der Rübenzuckerindustrie in Nebraska in
naher Zukunft zu beunruhigen, werden wir gut thun, die Entwickelung
der Verhältnisse daselbst fortgesetzt mit ebenso aufmerksamen Auge als
in Californien zu verfolgen.

II.
Sorghumzuckerindustrie in Kansas.

Von Lincoln reiste ich direct nach Topeka der Hauptstadt des
südlich gelegenen Staates Kansas. Die Gegend bietet hier im allgemeinen denselben Anblick als weiter nördlich, doch kommen ausser
Mais und Viehweiden auch schon südlichere Früchte wie Tabak in Er-
scheinung. Im Flussthal, in dem die Eisenbahn entlang führt, waren
die Bäume vielfach mit wildem Wein berankt, was im Vergleich mit den
Pappeln Nebraska's einen freundlichen Eindruck hervorruft. In Topeka
begab ich mich sofort in das Staatsgebäude, wo der Landwirthschafts-
secretär leider gerade nicht anwesend war, dafür empfing mich sein erster
Vertreter. Er erzählte mir, dass sie mit dem Zuckerrübenbau hier Miss-
erfolge gehabt hätten, weil die Farmer im Lande dazu nicht reif seien,
dass er aber grössere Hoffnungen auf die Sorghumindustrie setze, über
welche soeben der Bericht für 1892 gedruckt worden sei. Man habe
solche erheblichen Fortschritte in der Erzielung zuckerreicher Sorghum-
varietäten gemacht, dass für die Zukunft auf immer bessere Ausbeuten
zu rechnen seien. Von einem Besuch der beiden Fabriken zu dieser
Jahreszeit (30. August), rieth er aber dringend ab, da weder dort noch
auf den landwirthschaftlichen Stationen viel zu sehen, und die Reise zeit-
raubend und unbequem sei. Ich folgte seinem Rathe und unterliess
den Besuch, weil ich mich bald aus dem mir zur Verfügung gestellten
Berichte überzeugte, dass es mit der Entwickelung der Sorghumindustrie
noch gute Weile hat. Es ist nämlich immer noch nicht gelungen[1]),

---

[1]) Vergl. auch Bulletin 37, S. 84 des Herrn Wiley.

Säfte zu erhalten, die sich auf Korn verkochen lassen, die Fabriken arbeiten nur durch die hohen Prämien von 2 cent von den Vereinigten Staaten, und $^{3}/_{4}$ cent vom Staate Kansas höchstens mit einem sehr kleinen Gewinn, der aber die Höhe dieser Prämie noch nicht einmal erreicht.

Die gesammte Menge des Sorghumzuckers betrug 1892:

in der Fabrik zu Medicine Lodge	486 000 Pfd.
bei der Parkinson Company	480 900 „
bei der Medicine Lodge Raffinerie	30 800 „ [1]
	998 100 engl. Pfd.

wozu noch 100 000 Pfd. Nachproducte erwartet werden,

Die Fabrik zu Medicine Lodge hatte 2167 Acker Sorghumhirse zur Verfügung, welcher sich mässig entwickelt hatte, die Campagne dauerte mit zeitweisen Unterbrechungen wegen Kohlenmangels vom 12. September bis Ende October. Eine Kostenaufstellung hat die Gesellschaft der Regierung in Topeka nicht überreicht, weil sie auch die städtischen Wasserwerke und andere industrielle Anlagen mit ihren Maschinen besorgt, und angeblich deshalb nicht in der Lage ist, den Gewinn an der Zuckerfabrik für sich zu berechnen.

Die zweite Fabrik in Fort Scott, die Parkinson-Gesellschaft, hatte 1350 Acker Sorghum contrahirt, in Folge des ungünstigen Frühjahres konnte aber der grösste Theil dieser Fläche nicht damit bepflanzt werden; später bauten manche Farmer andere Früchte daselbst, so dass nur 900 Acker wirklich geliefert wurden. Da dieses Quantum nur langsam angefahren wurde, konnte die Fabrik auch hier nur mit Unterbrechungen vom 25. August bis 26. October arbeiten.

Folgende Aufstellung wurde abgegeben:

1892, Parkinson Compagnie.

Werth der verarbeiteten Sorghumpflanzen	$ 75,000,00
Tonnen auf Syrup verarbeitet	562
„ auf festen Zucker verarbeitet	4276
	4838 Tonnen im Ganzen.

Daraus gewonnen:

fester Zucker	480 900	Pfd.
Melasse	56 200	Gallonen
Syrup	13 000	„

---

[1] Alle diese Angaben sind dem erwähnten kurzen Bericht entnommen, betitelt „the Sugarindustry in Kansas", welche mir auf dem Staatssecretariat ausgehändigt wurde.

Per Tonne Sorghumzucker Pfd.	112½ =	5,625 %
Arbeiter an Zahl	60	
Preis für die Tonne Rohr	2,11 Doll.	
Für neue Maschinen und Reparaturen	2 175,00 „	
Löhne bis 1. Januar 1893	5 531,46 „	
Im ganzen für Rohr bezahlt	10 222,96 „	
Für Kohlen	984,00 „	
Für Steuern	356,79 „	
Für Versicherung	600,00 „	
Für Unfälle	1 275,30 „	
Bureauarbeiten u. a.	1 876,00 „	
Gesammtproductionskosten	23 021,51 Doll.	
Werth des Productes 480 900 Pfd. Zucker à 2½ cent	11 421,37 Doll.	
130 Gallonen Syrup à 23 cent	2 990,00 „	
56 200 Gallonen Melasse à 5½ cent	3 091,00 „	
Kansas Staatsprämie (¾ cent auf das Pfund Zucker)	3 606,75 „	
Vereinigte Staaten-Prämie (2 cent das Pfund Zucker)	9 618,00 „	
zusammen	30 727,12 Doll.	
Davon ab: Productionskosten	23 021,51 „	
Netto-Gewinn	7 705.61 Doll.	

Also rund 7700 Doll. wurden verdient bei 13 200 Doll. Prämie. Was will es dem gegenüber bedeuten, wenn rühmend hervorgehoben wird, dass der Zuckergehalt des Rohres von durchschnittlich 9 auf $13^{1}/_{2}\%$ gestiegen, in den Versuchsstationen sogar vielfach über 16% betragen habe. Die Thatsache bleibt bestehen, dass in Folge des hohen Gehaltes an gummiartigen Stoffen und an Glucose die Säfte nur blank gekocht werden konnten und nur $5,6\%$ feste Zucker erhalten werden konnten. Trotzdem die Ernte pro Acker anscheinend (die Fläche ist nur geschätzt) über 50 Tons betragen hat, haben sich die Farmer „des schlechten Frühjahrs" halber nicht einmal bewegen lassen, die contrahirten Flächen Sorghum zu bauen. Es kann keine Frage sein, dass mit der Prämie die kleine Sorghumzuckerindustrie fällt, ja dass sie nicht einmal eine Verminderung derselben lange wird überdauern können.

III.
Beschreibung zweier Raffinerien.

1. Die Raffinerie in Brooklyn.

Ankunft in New-York Mittwoch, den 23. Juni 1893, am Donnerstag den 25. Besuch bei Herrn Matthieson, einem der Herren Directoren des Zuckertrust. Am Tage nach unserer Ankunft begaben wir uns nach dem Geschäftshaus der Sugar-Refining Company, am unteren Ende der Wallstreet. Herrn Havemeyer, an welchen wir von Herrn Geheimrath Schöller-Breslau empfohlen waren, trafen wir leider nicht an, da er während des Sommers in Newport, dem Seebade der vornehmen Welt von New-York verweilt. Dagegen empfing uns Herr Matthieson, der technische Director des Trust, an welchen mich Geheimrath Langen freundlichst empfohlen hatte zuvorkommend. Er theilte uns mit, dass die Arbeitsweise der sämmtlichen Raffinerien des Trust im wesentlichen dieselbe sei, niemals werde Rübenzucker allein verarbeitet,[1]) sondern nur in mässigem Zusatz zu Colonialzucker, es sei deshalb genügend, eine der Raffinerien zu sehen, nämlich die Havemeyer'sche in Brooklyn, welche das grösste Quantum 4 000 000 Pfd. Einwurf am Tage verarbeite. Auf Befragen erzählte er uns, dass das Ausscheidungsverfahren nach Steffen zur Entzuckerung der Melasse sich bei ihnen nicht bewährt habe, wegen des störenden Einflusses des Invertzuckergehaltes der Colonialzucker, es bestehe auch gar kein Interesse für sorgfältige Ausarbeitung der Colonial-Syrupe auf festen Zucker, da für ersteren der Markt sehr aufnahmefähig sei und bei hohen Preisen der Bedarf nur mit Mühe gedeckt werden könne. Zu den Versuchen die Rübencultur und die Zuckerfabrikation aus Rüben in den Vereinigten Staaten heimisch zu machen, hatte Herr Matthieson zur Zeit wenig Vertrauen. Er stattete schliesslich uns drei (Herrn Dr. Bartz, Herrn Schöller und mich) mit einem Einführungsschreiben an die Raffinerie in Brooklyn aus.

30. Juni 1893. Besuch der Zuckerraffinerie in Brooklyn, vormals Havemeyer & Elders. Die Fabrik repräsentirt sich als ein aus mehreren hohen Häusern von acht und mehr Stockwerk bestehender Gebäudecomplex, dicht am Hafen gelegen, so dass der Zucker direct von und nach den Schiffen gelangen kann. Zur Zeit herrschte an der Verladungsstelle rege Thätigkeit, indem Rohzucker aus den verschiedensten Ländern Cuba, Philippinen u. a., dessen Herkunft an der verschiedenen landeseigenthümlichen Verpackung ohne weiteres kenntlich ist, der Fabrik zugeführt wurde. Die Anzahl der Arbeiter an den Docks wurde zu 1200, in der Fabrik zu 800 angegeben, welche bis vor kurzem 2 Dollar pro Tagschicht von 12 Stunden zur Zeit Doll. 1,80 Lohn erhielten. Die Herabsetzung des Lohnes ist nicht ohne ernstliche Differenzen zwischen Arbeitgebern und -nehmern vor sich gegangen, was sich auch dadurch noch kenntlich machte, das die Fabrik zur Zeit unseres Besuches noch von Detectives umstellt war. Bei der Meldung stellte sich heraus, dass in Folge eines Schreibens des Herrn Geheimrath Schöller an Herrn Havemeyer für dessen Sohn und mich bereits vor längerer Zeit seitens der Compagnie

---

[1]) Später theilte mir Herr Matthieson mit, dass in der Raffinerie Yersey City zur Zeit auch Rübenzucker für sich nach Steffen gewaschen werde.

die Erlaubniss zur Besichtigung ertheilt war und dass wir beide von dem Director der Fabrik und dem Chemiker Herrn Wiechmann erwartet worden waren. Die Herren nahmen uns denn auch auf das liebenswürdigste auf und widmeten sich viele Stunden ausschliesslich unserer Führung.

Im Vergleich mit europäischen Raffinerien fällt zunächst auf die Grösse der Dimensionen sämmtlicher Maschinen und Apparate und das Uebereinanderlegen einzelner Stationen in den landesüblichen, aus zahlreichen Stockwerken bestehenden Gebäuden. Von der Grösse der Fabrik wird der deutsche Leser sich einen ungefähren Begriff machen bei der Ueberlegung, dass der Einwurfszucker, welchen die Fabrik in etwa 200 Tagen verarbeitet, ebenso viel wiegt, als sämmtlicher in einem Jahre in Deutschland zum Consum gelangender Zucker. Ueber einander geschichtet in drei Etagen liegen z. B. auch die Dampfkessel.

Der Einwurfszucker bestand zur Zeit aus Colonialzucker von ziemlich geringer Polarisation, vielleicht 92—93 % und 12 % Rübenzucker, manchmal werden aber auch bis 50 und mehr Procent Rübenzucker verwandt, je nach der Marktlage, doch wird deshalb die zu beschreibende Arbeitsweise der Fabrik, welche hauptsächlich die Eigenschaften des Rohrzuckers berücksichtigt, niemals geändert, da letzterer die Hauptrolle spielt und Rübenzucker allein für sich niemals zur Verarbeitung kommt.

Die einzuschmelzenden Rohzucker werden keiner Affination unterworfen, da die Mehrzahl derselben wegen der schlechten Beschaffenheit des Korns sich dazu gar nicht eignen. Der Invertzuckergehalt ist je nach der Abstammung häufig hoch, bei manchen 7 % und mehr, die meisten sind stark inficirt mit allen möglichen Pilzen, alle fast mit Ausnahme natürlich der Rübenzucker sind sauer. Letztere werden nach dem bekannten Aschenrendement, die Rohrzucker dagegen nach Polarisation gekauft. Der Zucker wird direct vom Schiff oder Lagerraum in ziemlich kleinen Bassins (angeblich nur 25 Ctr. fassend) zu einem Syrup von 60° eingeschmolzen und alsdann durch Pumpen in die obersten Stockwerke befördert, von welchen er im Lauf des Betriebes allmählich wieder nach unten gelangt, so dass der Saft nirgends nochmals gehoben werden muss. Zunächst erfolgt eine Vorreinigung des Saftes mit sog. Superphosphat, d. i. ein mit Salzsäure hergestellter Extract aus Knochenkohle. Die Rohzuckerlösung reagirt schwach organisch sauer, höchstens bei Zusatz von viel Rübenzucker neutral, niemals alkalisch. Die Alkalität oder Acidität wird im Betriebe nicht regelmässig bestimmt. Bei Zusatz des Superphosphats fällt ein Niederschlag, hauptsächlich phosphorsaures Eisen und Thonerde, wahrscheinlich auch etwas kieselsauren Kalk und organische Substanzen enthaltend, bei kalkreichen Nachproducten aus Rübenzucker wohl auch phosphorsaurer Kalk aus, welcher mechanisch klärend wirkt. Zuweilen wird es für angezeigt gehalten, zur Verstärkung des Niederschlages etwas Kalkmilch zuzugeben, also neutralen phosphorsauren Kalk zu erzeugen, selbstverständlich aber nicht so viel, um alkalische Reaction wie bei unsrer Scheidung zu erhalten, da sonst die Flüssigkeit dunkel werden müsste in Folge des Einflusses des Kalks auf den Invertzucker. Darauf erfolgt ein Zusatz von Sägemehl und Filtration durch die bekannten Kroog'schen Pressen mit grossen Kammern, welche in den Colonien sonst meist mit grobkörniger Knochenkohle gefüllt werden.

Für die fernere Arbeit ist characteristisch, dass sie durchweg bei verhältnissmässig sehr niedriger Temperatur von Statten geht, welche wir mit peinlicher Sorgfalt vermeiden aus Furcht vor dem Gedeihen der invertirenden Gährungserreger. Man sollte meinen, dass bei den stark inficirten und bereits invertzuckerhaltigen Colonialzuckern erst recht gegen diese angekämpft werden sollte. Indessen ist zu bedenken, dass bei hohen Temperaturen die letzteren ohne erhebliche Caramelisirung des so leicht zersetzlichen bereits vorhandenen Invertzuckers gar nicht zu verkochen sind, und dass ferner kein Gesetz die Fabrikanten zwingt, behufs Erzielung steuerfreier Abläufe eine bestimmte Menge festen Zucker herauszuholen. Ueberdiess aber behandelt man sogleich nach dem Zusatz des Superphosphats die Säfte mit dem seit Alters beliebten Antisepticun der Rohrzuckerfabriken, der schwefligen Säure. Der Saft wird unmittelbar nach der Klärung geschwefelt, und zwar, da er einmal sauer ist, man den Invertzucker aber auch nicht unnütz vermehren will, bei der mittleren Temperatur von 56—60° C., welche er besitzt, es schadet aber nicht nur nichts, sondern ist sogar angenehm, wenn die Temperatur niedriger ist. Die freie schweflige Säure wirkt überdies kräftig bleichend. Eine chemische Controle über die Menge der zugeführten schwefligen Säure bez. die Zunahme der Acidität findet auch an dieser Stelle nicht statt. Dieselbe könnte auch nicht viel Zweck haben, da bei der verschiedenen Beschaffenheit des Einwurfszuckers vermuthlich Auge und Geruch einen besseren Anhalt für die nothwendige Menge schwefliger Säure geben, als die Titration im Stande wäre.

Nunmehr wird der Saft bei der mittleren Temperatur, welche er gerade besitzt, einer starken Filtration über 70 % Knochenkohle unterworfen. Dieselbe ist feinkörniger als bei uns, grusartig und wie bekannt ziemlich reich an der wirksameren inneren Knochenmasse, welche früher von unseren Knochenkohlebrennern zu feinem Pulver gemahlen nach den Colonien verkauft wurde. Die Regeneration der Knochenkohle geschah ausschliesslich durch Waschen mit heissem Wasser in den Filtern und Glühen, Salzsäurezusatz um kohlensauren Kalk zu lösen, erwies sich beim Colonialzucker nicht nöthig, auch eine Entgypsung wird nicht vorgenommen. Jedes Filter wird für sich behandelt und je nach der Art des aufgelösten Rohzuckers die filtrirten Säfte gesondert und in der Regel nach 24 Stunden abgesüsst. Der filtrirte Saft wird darauf in Vacuumapparaten mit bei uns nicht üblicher ausserordentlich grosser Luftleere und entsprechender Temperatur verkocht nämlich häufig unter 60 ja unter 50° C. Die Heizfläche muss daher bedeutend sein.

Die mächtigen Vacuumapparate von cylindrischer Form, welche seit Anfang der 80 iger Jahre in Betrieb sind, enthalten bereits alle diejenigen Einrichtungen, auf welche bei uns erst in letzterer Zeit grosser Werth gelegt ist, also parallele Lage der Schlangen senkrecht über einander, und mächtige Oeffnung, durch welche der Sud in 5 Minuten entleert werden kann. Dieser Theil der Fabrikation war für uns besonders fesselnd. Durch das Kochen bei so niederer Temperatur wird natürlich die Krystallisation reichlicher und nachträgliches Stehen des Sudes behufs Nachkrystallisation und Erkalten mit oder ohne Bewegung nicht so nöthig wie bei uns. Es ist ja aber auch aus den eingangs erwähnten Gründen auf die Gewinnung möglichst vielen Zuckers in fester Form hier nicht so viel Gewicht gelegt wie bei uns. Dadurch rechtfertigt sich die nachfolgende Arbeitsweise, welche in Bezug auf Schnelligkeit und Einfachheit ohne Gleichen sein dürfte. Die Füllmasse nämlich entleert sich in eine unmittelbar unter dem Vacuum befindliche schiffbauchähnliche grosse Maische, welche direct über den Centrifugen steht, durch ein einfaches in verticaler Richtung arbeitendes Rührwerk wird sie in der Sudmaische vertheilt, über jeder Centrifuge enthält dieselbe eine Oeffnung und unmittelbar nach dem Ablassen des Sudes also 5 Minuten nach Beendigung des Verkochungsprocesses beginnt auch schon die Schleuderarbeit. Die Vorrichtungen zum Antrieb der Centrifugen befinden sich, wie auch bei uns bei neueren Anlagen in der unteren Etage, so dass der Arbeiter sich auf dem ebenen Fussboden des ganzen Raumes befindet und keine Erhöhung zu betreten braucht, um zur Centrifuge zu gelangen; nachgedeckt in der Centrifuge wird nur nach alter Weise mit kaltem Wasser.

Sofern nicht auf granulated gearbeitet wird, werden Brode oder Würfel in ähnlicher Weise wie bei uns hergestellt. Eigenartig berührt dabei, dass die benutzten Maschinen sämmtlich verschieden von den unsrigen sind, indem sie alle, mit alleiniger Ausnahme der erwähnten Kroog'schen Pressen von der Sangerhäuser Maschinenfabrik amerikanischen Ursprungs sind. Die Brode von ziemlich kräftigem Korn und circa 50 Pfd. Gewicht werden nicht genutscht, sondern die Spitzen abgebrochen. Sie werden nicht als solche verkauft, sondern zu Würfeln geschnitten, welche in der Mitte, da die Zargen der Säge nicht übergreifen eine schmale Bruchstelle zeigen. Diese Würfel bilden hier den beliebtesten Consumzucker. Es werden aber auch direct aus geschleuderten Zucker Presswürfel hergestellt mittelst Maschinen, welche den unseren sehr unähnlich erscheinen. Auch gewaschene Raffinaden und Puderzucker werden selbstverständlich erzeugt, und viele Farine.

Die Syrupe werden sämmtlich auf Speisesyrupe verarbeitet in bekannter einfacher Weise, indem sie einer nochmaligen Knochenkohlenfiltration unterworfen werden.

2. Die Zuckerraffinerie in San Francisco.

Wie die Brocklyner Raffinerie liegt die von San Francisco am Hafen, für den Fremden schwer zu finden, weshalb mich der Director Herr Sprague selbst freundlichst hinunter geleitete. An den Docks liegen die Seeschiffe aus Honolulu, welche recht schlechten Rohzucker heranführen. Mittelst einer eigenen elektrischen Bahn wird er nach den Lagerschuppen oder der Fabrik geführt, welche täglich 750 tons Zucker einschmilzt. Die Kohle kommt gleichfalls aus Schiffen direct mittelst einer Kabelhochbahn, die einen imposanten Eindruck macht, nach dem Kohlenhaus. Der fertige Zucker hinwiederum gleitet auf einer Rutschbahn aus der Fabrik, wie man sie hier überall in den Badeanstalten mit Schwimmbassins hat, eine zweite solche Rutschbahn wie für die Säcke ist für die Fässer vorhanden.

Im Parterre stehen die Einschmelzbassins mit kräftigen vertikal und kreisförmig wirkendem Rührwerk ganz wie die Maischbottiche hier in den Brauereien, die Lösungen werden darauf wie in Brooklyn mit Phosphatlösung geklärt, geschwefelt (?) und gehen dann durch freihängende Taylorbeutel. Sägemehl- und Sangerhäuser Pressen hat man hier als unzweckmässig wieder verlassen, man meinte, dass solche zur Zeit nur in Brooklyn arbeiteten, dagegen muss man manchmal bei ganz schlechten Zuckern zu Blut zurückgreifen. Eine Zeit lang hat man auch mit einer seifenartigen kieselsauren Thonerde geklärt, welche in Californien gefunden und vielfach zur Verfälschung von Seife benutzt wird. Dieses Silicat ballt sich beim Erhitzen flockig zusammen, nachdem es vorher eine Emulsion gebildet hat. Andere Thonerdecilicate, die man probirte, setzten sich zu schnell ab. Leider ist das Mineral neuerdings so selten geworden, dass die Raffinerie nicht mehr genug davon erhalten konnte, es soll noch in der Sierra Nevada vorkommen, aber zu weit von der Bahn und deshalb zu theuer.

Zum Verkochen sind eine Anzahl zum Theil eigenartig aussehende und sehr grosse Vacuas vorhanden, welche alle hier von Herren Sprague construirt und in San Francisco angefertigt sind. Für die Abwässer von den Knochenkohlenfiltern ist ein Doubleeffet aufgestellt, welches aber nicht ganz ausreichen soll. Auch hier wird wie in Brooklyn bei niederer Temperatur gekocht und ist die Disposition der Sudmaischen und Centrifugen genau so wie dort. Die Auslassöffnung des Vacuums ist eng, dennoch genügten drei Minuten, den Sud zu entleeren, weil man hier lange nicht so stramm kocht als bei uns. Bei dieser Gelegenheit will ich nicht unerwähnt lassen, dass angeblich die grosse Oeffnung der Brooklyner Vacuas lediglich davon herrührt, weil man sie für bequem hielt, um besser in das leere Vacuum hineinkriechen zu können. Die Form der Sudmaischen ist hier nicht trogförmig, sondern es sind grosse viereckige Kasten mit Rührwerk ähnlich den unseren. Auch hier wird heiss geschleudert und sofort der Ablauf verkocht. Da für Nachproducte und Farine kein Markt vorhanden ist, wird alles auf weissen Zucker verarbeitet. Ein Sud soll nur $1^1/_2$ bis 3 Stunden dauern!

Der Antrieb der Centrifugen ist wie in Brooklyn von der unteren Etage aus, gedeckt wird gleichfalls nur mit Wasser. Sehenswerth sind die mächtigen Trockenapparate für den granulated, der heiss und ungesiebt gesackt oder in Fässer gefüllt wird. Letztere stehen auf Eisenplatten, welche von unten her beständig in stampfender Bewegung gesetzt sind, um dadurch die Zuckerkrystalle fester zu lagern. Sehr hübsch ist auch eine mechanische Transportvorrichtung für die Fässer.

Zur Herstellung der Presswürfel dienen liegende cylindrische Maschinen von grosser Leistungsfähigkeit.

Die Kühlung der Condensatoren geschieht mit Salzwasser aus dem Hafen, welches eine automatisch sich selbst regulirende Pumpe eigener Construction fördert.

Die Dampfkessel liegen frei und sind nur durch starke Asbestbekleidung vor Wärmeverlusten geschützt, die Kohle (englische) wird auf Planrosten verbrannt.

Die Fabrik beschäftigt 500—600 Arbeiter. Im Laboratorium, wo sich ein Laurent-Polarisationsapparat mit Natriumlicht! befindet, fand ich in dem Chemiker Herrn Michaelis einen Schüler des Vereinslaboratorium wieder, welcher zu meiner Freude sofort beurlaubt wurde, um mich durch St. Francisco zu führen.

Hier wie in Brooklyn fällt der Mangel jeder Affination des Zuckers vor dem Einschmelzen auf. Man ist der Ansicht, dass eine solche sich wegen der schlechten und unregelmässigen Beschaffenheit des Colonialzuckers nicht durchführen lasse. Speciell hat man dabei wie Herr Oxnard und auch Herr Matthieson mir auseinandersetzten, mit dem Steffen'schen Waschverfahren schlechte Erfahrungen gemacht, was ja auch nicht Wunder nehmen kann. Die reineren Waschsyrupe werden eben in Folge der starken Infection durch den sauren Rohzucker immer in kurzer Zeit Gährung bez. Invertzucker zeigen müssen. Herr Matthieson hatte die Freundlichkeit bei der Rückreise in New-York mir über diesen Punkt noch in einer längeren Unterredung Aufschluss zu geben. Ein

Haupthinderniss für die Wäsche auch der Füllmassen bez. der eigenen Nachproducte bildet auch, dass man auf so feines und deshalb unregelmässiges Korn zu arbeiten genöthigt ist und dass die Rohzucker häufig so schmierig und schleimig sind, dass glatte Arbeit in der Wäsche auch dadurch unmöglich wird.

Was wir und speciell unsere **Finanzverwaltung** als **granulated** bezeichnen ist in den Vereinigten Staaten nach dem übereinstimmenden Urtheil aller Zuckerfabrikanten, die ich dort gesprochen habe, **nicht verkäuflich**. Unter granulated versteht man dort einen gut abgedeckten feinkörnigen **vom Feinmehl durch Absieben nicht befreiten weissen Zucker**.[1]

IV.
Besichtigung der Glucosefabrik in Davenport, Jowa, am 23. Juli 1893.

Der Fabrik stehen die Herren Director Best und der bekannte deutsche Chemiker Dr. Arno Behr vor, welcher letzterer früher die Chicagoer Stärkezuckerfabrik geleitet hat und dem die Stärkezuckerindustrie die wichtigsten Entdeckungen verdankt. Um die Bedeutung dieses Mannes zu würdigen, sei nur erwähnt, dass er der erste war, dem es gelang den krystallisirten Stärkezucker, das Glucoseanhydrid, aus wässeriger Lösung fabrikmässig darzustellen, eine Erfindung, welche allein es ermöglicht hat, reinen Stärkezucker frei von Beimengungen zu gewinnen. Genial in seiner Einfachheit ist das Verfahren desselben Erfinders die Keime, welche sich in jedem Maiskorn befinden, behufs Darstellung reiner Maisstärke einer- und Maisöl andererseits zu entfernen. Dieses Verfahren beruht darauf, dass der Mais zunächst mit wässeriger schwefliger Säure behandelt wird, wodurch das ganze Korn eine gleichmässige Beschaffenheit annimmt, welche gestattet, den Inhalt durch Mahlen unter schwachem Druck gleichmässig zu zerkleinern, ohne dass die Keime zerstört werden. Indem Arno Behr darauf aus der gemahlenen Masse durch Wasserzusatz eine Emulsion von bestimmtem specifischen Gewicht herstellt, ermöglicht er es, dass sich die Schaalen nach unten und die

---

[1] Es dürfte wichtig sein, für den Fall, dass der Export von weissem Zucker nach den Vereinigten Staaten demnächst möglich werden sollte, diesen Punkt zu beachten. Eine Probe von der drüben gangbaren Verkaufswaare von granulated stelle ich zur Ansicht gern zur Verfügung.

Keime als specifisch leichtere Theile nach oben zusammenziehen, wodurch also eine leichte Trennung auf mechanischem Wege stattfindet. Letzteres Verfahren ist jedoch Eigenthum der Fabrik in Chicago geworden und deshalb in Davenport nicht eingeführt.

Wir, Herr Dr. Bartz und ich, wurden in Davenport auf das gastlichste von den genannten beiden Herren aufgenommen und durch die Fabrik geführt. Letztere verarbeitet als Rohmaterial Mais und stellt daraus zur Zeit nur flüssigen Zucker her, ausserdem bereitet sie in bekannter Weise unter Verwendung von Melasse Speisesyrupe, welche in Amerika ein ungeheuerer Consumartikel sind. Der sogenannte Maplesyrup (Ahornsyrup), welcher hier allerwärts zu Kuchen verzehrt wird, ist häufig nur heller auf diese Weise gewonnener Stärkemelassesyrup. Die Verwendung des Stärkezuckers zu anderen Genuss- und gewerblichen Zwecken ist aber gleichfalls bedeutender als bei uns. Arno Behr berechnete die ungefähre Production der Vereinigten Staaten zu **vielleicht zwanzig Mal so gross als die deutsche**.[1])

Die Fabrik in Davenport ist nicht neu, in ihren Einzelheiten bietet sie aber manches Interessante für den mit der Stärkezuckerindustrie Vertrauten, welches jedoch den Lesern zu fern liegen möchte.

Die Feuerung der Dampfkessel geschieht durch eine Kohlenstaubfeuerung, Patent Brightmann, für welche jedoch die Staubkohle nicht besonders hergestellt zu werden braucht, sondern natürlicher Kohlenstaubabfall von Staub-, Grus- und Nussgrösse verwendet wird. Die Kohle wird durch eine automatisch wirkende Vorrichtung auf den Rost geschüttet. Ganz ähnliche Feuerungen habe ich noch mehrfach, z. B. in dem Maschinenhaus der electrischen Bahn in Colorado Springs besichtigt.

Das Aufschliessen des Mais geschieht auch hier wie üblich mit wässriger schwefliger Säure, die Trennung der Stärke vom Kleber durch Schwemmen über lange, tafelförmige Bassins, welche ähnlich den in unseren Weizenstärkefabriken befindlichen sind. Die Stärke setzt sich dabei zu Boden, der Kleber bleibt in der Flüssigkeit suspendirt und wird zunächst durch Absitzen concentrirt. Er wird dann mit den Schalen des Mais, welche zuvor zurückgehalten worden sind, gemischt und diese Mischung durch Pressen so viel als möglich entwässert. Man erhält auf diese Weise ein werthvolles Futter, welches nach künstlichem Trocknen in den Handel gebracht wird.

---

[1]) 1890/91 wurden in Deutschland 38 611 200 Kilo
1891/92 „ „ „ 15 205 700 „ erzeugt,
die amerikanische Production schätzt Arno Behr auf 260 Millionen Kilo. Beim Vergleich kommt es natürlich darauf an, welche der beiden Zahlen für Deutschland zu Grunde gelegt wird.

Die Verzuckerung der Stärke geschieht mit Schwefelsäure[1]) und zwar für flüssige Glucose allerwärts noch in hölzernen Gefässen, für festen Zucker werden kupferne Digestoren angewandt. Nachdem die Masse mit fein gepulvertem Marmor neutralisirt und durch Schlammpressen älterer Construction filtrirt ist, wird sie über Knochenkohle geschickt und dann im Tripleeffet eingedampft. Die Verdampfapparate sind von Gusseisen mit kupfernen Heizröhren. Manche Fabriken verwenden ganz aus Kupfer verfertigte Vacuums. Für die Erzielung eines hellgefärbten oder farblosen Präparates ist es vor Allem wesentlich, dass die angewandte Stärke klebefrei ist, da die geringsten Mengen der stickstoffhaltigen Substanzen bewirken, dass die Masse beim Erhitzen mit Schwefelsäure sich bräunt.

Die vorzügliche Beschaffenheit der Producte in Davenport bewies, dass in gedachter Beziehung die Arbeitsweise tadellos ist. Für uns war das Zusammensein und der Gedankenaustausch mit den gebildeten Technikern der Fabrik ungleich werthvoller, als die Besichtigung manches grösseren Etablissements mit vollkommeneren Apparaten, wo der leitende Geist fehlte, gewesen wäre.

Schliesslich zeigte uns Herr Best, ein geborener Deutscher, noch eine Anzahl weitere gewerbliche Anlagen in Davenport und den Nachbarstädten, unter denen besonders die Wasserfiltrationsanlage uns interessirte. Die Dampfkessel werden daselbst mit Sägemehl geheizt, welches dort zu Lande zu Spottpreisen zu haben ist. Die Verbrennung geschieht auf einem Planrost unter starker Luftzufuhr.

V.

Die Ausstellung in Chicago.

Der feenhafte Eindruck, welchen die weisse Stadt am Michigansee auf den Fremdling macht, ist oft genug geschildert worden. Auch wir waren demselben besonders im Anfange gänzlich unterworfen und geblendet davon. Das Gefühl des Stolzes ferner, welches jeder hergeeilte Deutsche empfinden musste, wenn er sah, wie die heimathliche Ausstellung alle anderen überragte und wenn er von allen Nationen Worte der Anerkennung zu hören bekam, trug nicht wenig dazu bei, dass

---

[1]) In den Vereinigten Staaten existirt auch eine Stärkezuckerfabrik, welche mit Salzsäure verzuckert. Wie die meisten derartigen Fabriken hatte sie aber zur Zeit unseres Besuches wegen der schlechten Geschäftslage den Betrieb zeitweise eingestellt.

wir uns zunächst nicht anders als befriedigt fühlen konnten. Ueberdies bot die Ausstellung im Allgemeinen ungemein viel lehrreiches und man hätte sicher monatelang daselbst verweilen und täglich viel neues zulernen können. Trotzdem, es muss geradezu gesagt werden, befriedigte uns die fachliche Ausbeute herzlich wenig. Dabei ist kaum anzunehmen, dass wir etwa in Folge der grossen Ausdehnung der Ausstellung manches Wichtige übersehen hätten, denn wir wurden trefflich geführt.

Das meiste auf die Zuckerfabrikation bezügliche, befand sich in dem Gebäude für Agriculture. Aus Deutschland war, in Beziehung darauf, dort freilich nichts zu finden, denn das Fahlberg'sche Saccharin, welches sonderbarer Weise hier seinen Platz gefunden, wird man nicht in Rechnung ziehen wollen.

Culturmaschinen für die Bearbeitung des Bodens für die Rüben, sowie zum Behacken und Ernten derselben hatte die bekannte Firma, die Johnston Harvester Co., Batavia N.-Y. U. S. A., ausgestellt. Da dieselbe in Hamburg, Magdeburg, Halle und an anderen deutschen Plätzen Vertreter hat und ihre Maschinen dadurch unseren Landwirthen bekannt sind, dürfen wir auf nähere Beschreibung verzichten.

Rübensamen war von einigen französischen Firmen ausgestellt, auch in Amerika gezogener war vorhanden, daran ist aber bekanntlich nicht viel zu sehen.

Californien hatte zwei riesengrosse Zuckerrüben ausgestellt, jede vielleicht 3—5 Kilo wiegend. Aus Nebraska waren einige recht gut gewachsene Rübenexemplare ausgestellt, ferner ein Theil des daselbst gewonnenen Zuckers.

Die Sorghum bauenden Staaten hatten nur Pflanzen aber keinen Zucker ausgestellt, nur eine kleine ziemlich unansehnliche Probe von letzterem befand sich in der Ausstellung der chemischen Abtheilung des Departement of Agriculture. Von den Zuckerrohr bauenden Ländern hatten nur wenige ihre Producte hergebracht, besonders Erwähnenswerthes war darunter nicht enthalten. In der Ausstellung von Nebraska befand sich auch eine Darstellung der einzelnen Phasen der Fabrikation durch Proben von Rohsaft, geschiedenen Saft, Scheideschlamm und anderes mehr. Am vollständigsten war noch die Ausstellung zweier russischer Zuckerfabriken, welche auch Abbildungen der Fabrikanlagen enthielt.

Versteckt in einer Ecke, als Bestandtheil der Ausstellung einer französischen Versuchsstation entdeckten wir diejenige des französischen Chemikers Dupont, welche aus in Deutschland bereits bekannten Laboratoriums-Apparaten bestand und deren Beschreibung wir schon im *Bulletin de l'association des chimistes* gelesen hatten. An derselben Stelle befanden sich Proben von Lebaudy Frères in Paris. Hinter Chocoladen und Confitüren fanden wir eine sehr hübsche Collection von Zuckerproben, welche das Syndicat der französischen Zuckerfabrikanten ausgestellt hatte. In der Nähe war auch französischer Candiszucker vertreten. Im Catalog steht von beiden noch nichts, vermuthlich sind die Franzosen zu spät fertig geworden, wie so mancher. Noch zur Zeit unserer Anwesenheit wurde an manchen Orten ausgepackt und aufgestellt.

Neben belgischem Porzellan, im Manufacturing Building entdeckten wir ganz zuletzt noch eine ähnliche Collection von Proben, welche die Vereinigung der belgischen Zuckerfabrikanten ausgestellt hat.

Mit einem Schrank mit Zuckermustern paradirte auch die Sugar Refining Co. in New-York, einen eben solchen bot die Starch sugar Refining Co. in Chicago, die National-Starch Co. und einige andere Stärke und Stärkezucker erzeugende Firmen. Besonders reichhaltig war die Ausstellung der Chicagoer Fabrik, welche leider den Besuchern der Ausstellung ausnahmslos ihre Pforten verschlossen hielt, weshalb wir uns später nach Davenport begaben, um dort die Stärkezuckerfabrik zu besichtigen. Die Ausstellung der Fabrik erklärte uns Herr Matthieson, (der Director der Chicagoer Fabrik und Bruder des Directors der Sugar Refining Co. in New-York). Vorhanden war flüssige helle Glucose, ferner dunklerer Syrup, dann ein als extra hell bezeichneter, ferner als bestes Product die Confectioners Crystal-Glucose, ein Syrup welcher bei 150° C. noch nicht gebräunt wird. Fester Zucker war ausgestellt, braun, unserer Glucose ähnlich, für Brauereien in England bestimmt, ferner Snowflake sugar, weisses mehlförmiges Pulver, ferner die verschiedenen Zucker geraspelt, endlich, das schönste Product der Anhydrid-Zucker, der fast chemisch reiner krystallisirter Traubenzucker aber augenblicklich schwer zu verkaufen ist. Ausserdem eine sehr hübsche Gummi arabicum-Imitation, deren Herstellung angeblich Geheimniss ist! Vermuthlich wird sie wohl eben so gemacht, wie gleichartige Producte in Deutschland, nämlich einfach durch Verdünnen, Filtriren und Eindampfen gewöhnlicher Dextrinlösung zu einer festen glasigen Masse!

Dann war noch vorhanden, Dextrin A. B. C. auf trockenem Wege gewonnen, ähnlich den deutschen Producten, verschiedene Maisstärkesorten, endlich die werthvollen Nebenproducte der Fabrikation, wie Oelkuchen-Mehl, Maisschalen, Maisöl, Glutenmehl und andere.

Ahornzucker und Syrup aus Vermont war natürlich auch vertreten und sogar käuflich zu haben. Der Syrup ist wie an anderer Stelle erwähnt, offenbar häufig verfälscht, und besteht grösstentheils aus Stärkezucker- und Rübensyrup.

England und die englischen Colonien, ebenso Holland waren mit der Zuckerindustrie nicht vertreten.

Das ist alles, was wir in dem Agricultural Building nach eifrigem Suchen bezüglich der Zuckerindustrie gefunden haben, in den anderen Gebäuden war die Ausbeute noch schlechter.

In der Maschinenhalle fanden wir nur die Zuckerrohrmühle einer amerikanischen Firma aus Deutschland die Braunschweigische Maschinenbauanstalt in Braunschweig mit: Filterpresse, Dampfschlammpumpe, Füllmassenkasten, Transportkasten dafür, Compressionsluftpumpe, Maischmaschine, Füllkutsche, Centrifuge für weisse Waare, Rohzuckercentrifuge, Syruppumpe, Zuckertransportschnecke, Zuckerbecherelevator. Decimalwaage. Ausserdem war unter Deutschland noch die Batterie zum Abnutschen und Decken von Zuckerfüllmasse von Oscar Mengelbier (Deutsches Patent No. 64429 und 67721) ausgestellt, welche wegen ihrer einfachen Disposition einen vortheilhaften Eindruck macht. Das Maschinenhaus bot sonst viel interessantes, worüber speciell zu berichten uns jedoch zu weit führen würde, z. B. die Ausstellung von Worthingtonpumpen zum Theil im eigenen Gebäude, alle möglichen Sorten von Riemenübertragungen, viele Dynamomaschinen und besonders die Anlage für den Betrieb des Maschinenhauses, welche verschiedene Systeme von Dampfkesseln mit Petroleumfeuerung enthielt.

In Amerika ist die Ausdehnung der Naturkräfte besonders aber des fliessenden Wassers durch electrische Uebertragung weit mehr entwickelt als bei uns. Nicht allein am Niagara sondern auch in den Städten am Mississippi, z. B. in Davenport und den Nachbarstädten finden sich grosse Fabrikanlagen und ganze Netze von Strassenbahnen, welche auf diese Weise electrisch betrieben werden. Demgemäss ist auch in der Ausstellung die electrische Abtheilung besonders reichhaltig. Ingenieure, welche in Frankfurt gewesen waren, versicherten zwar, dort dasselbe und mehr gefunden zu haben, doch wird man von einer Weltausstellung auch kaum solche Vollständigkeiten auf Einzelgebieten, wie von einer Fachausstellung erwarten dürfen.

Zu dem besten, was hier geboten wurde, gehört die Ausstellung von Hartmann und Braun in Bockenheim-Frankfurt a. M. Widerstandsbrücken, Galvanometer, Voltameter, Pyrometer, welche auf electrischem Wege Temperaturen bis 1000° C. mit grösserer Genauigkeit als andere derartige Instrumente zu messen gestatten, und anderes mehr von derselben Firma, erregten durch die Praecision der Arbeit, grosse Empfindlichkeit und mässige Preise unsere Bewunderung. Neben den zahlreichen Dynamomaschinen und Motoren interessirte das grosse Publicum besonders das Aufleuchtesystem, welches auch bereits von einem Chicagoer Geschäftshaus Anwendung gefunden hatte. Man lässt dabei das electrische Licht von einer Lampe auf eine Reihe folgender gleiten, in dem die vorhergehenden erlöschen und erzielt so wirksame Lichteffecte. Interessant waren uns auch die electrischen Heizapparate einer grossen Anzahl amerikanischer Firmen. Die American Electric Heating Co. in Briston, Ansenia Electric Chicago, Burton Electric Co., Cutter & Co. Chicago,

Electrical Forging Co. Boston, Coope Electric Heater Co. und mehr als ein halb Dutzend andere Firmen hatten solche Apparate für häusliche und industrielle Zwecke, einige auch Zimmeröfen ausgestellt. Die grosse Zahl der Firmen, welche sich mit der Frage beschäftigen, zeigt, welche Bedeutung man ihr hier beilegt. Ausser den General-Motor Co. in London, war auf dem Gebiete der Heizapparate keine europäische Firma vertreten.

In Bezug auf Laboratoriumsapparte haben wir nichts neues auf der Ausstellung gefunden. Würdig vertreten waren nur die deutschen Firmen, hauptsächlich die Thüringer Glasbläsereien, welche einzeln ausgestellt hatten und einige Berliner Firmen, welche sich zum Theil unter dem Reichsgesundheitsamt producirten.

Von Mikroskopen überragten die Zeiss'schen aus Jena alle übrigen.

Polarisationsapparate hat allein Schmidt & Hänsch in Berlin ausgestellt. Ganz oben unter dem Dache neben einigen zurückgesetzten Musikinstrumenten, fanden wir auch das Universalpolarisationsinstrument derselben Firma, welches die deutsche mechanische Gesellschaft dem Professor Helmholtz zu seinem 70jährigen Geburtstag verehrt hat.

VI.
Besichtigung anderer Fabriken in den Vereinigten Staaten.

1. Besuch der Pabst-Brauerei in Milwaukee am 18. Juli 1893.

Die Pabst-Brauerei ist eine der grössten der Welt, sie erzeugt jährlich 1 200 000 Barrels Bier (à 160 Liter), kann aber 2 000 000 herstellen. Dazu werden gebraucht:

1 700 000 bushels Malz
2 800 000 „ Reis
1 000 000 Pfund Hopfen
300 000 Tons Kohlen.

Die Eismaschinen erzeugen 750 Tons täglich = 273750 Tons per Jahr. Es werden 40 Millionen gefüllte Bierflaschen jährlich versandt. Wie man sieht, ist das amerikanische Bier kein Bier im Sinne der in Deutschland gebräuchlichen Definition, sondern wird unter Verwendung vieler Surrogate hergestellt, unter denen Mais und Reis obenan stehen. Es ist im allgemeinen leicht und wohlschmeckend, nur vermisst man etwas den Hopfen. Der Reisende sieht in der heissen Sommerzeit besser vom Biergenuss ab, welchem er in Gegenden, wo die Deutschen nicht vorherrschen, überdies selten genug wird fröhnen können. In manchen Temperenzstaaten ist der Verschank bekanntlich untersagt, doch sind die Behörden selten stark genug, das Gesetz durchzuführen, wenn die Bevölkerung sich sträubt. So fanden wir in Davenport zahlreiche Biergärten, obgleich es in dem Temperenzstaat Jowa liegt. Unsere Führer daselbst erklärten uns dies damit, dass die Landespolizei todt geschlagen werden würde, wenn sie versuchen wollte, den zahlreichen dort wohnenden Deutschen den Biergenuss zu verkümmern. In Coloradosprings dagegen befindet sich keine einzige Bierkneipe, trotzdem dort starker Fremdenverkehr, weil das städtische Regiment in den Händen der Temperenzler ist; eine kleine Stunde davon, in Mannitou, welches zu demselben Staat gehört, liegt Bierhaus bei Bierhaus, welche meist Pabst'sche Erzeugnisse verschenken. Pabst macht sechserlei Bier, nämlich Exportbier, Select, Bohemia, Bavarian, Hofbräu, Standard und ausserdem noch Malzextract.

Die grosse pneumatische Mälzerei zeichnet sich durch eine Abänderung der Saladin'schen Luftwäscherei aus, (bei welcher die Luft durch an Sieben herabströmendes Wasser gesaugt wird, wodurch sie zugleich abgekühlt und gereinigt wird). Hier sind diese Siebe auch von innen zugänglich und dadurch leicht zu reinigen. Das Malz, welches nicht für die Brauerei selbst, sondern auf Bestellung für andere gearbeitet wurde, da die Leistungsfähigkeit der Mälzerei dies gestattet, war schlecht und unrein. In der Brauerei selbst wird sowohl mit dem Infusions- als dem Decoctionsverfahren gearbeitet, wie dies die Art des herzustellenden Bieres verlangt. Die Sudmaischen enthalten sehr kräftige Rührwerke, darunter auch kreisförmig nach unten wirkende. Ein principieller Unterschied gegenüber unseren deutschen Brauereien und zugleich ein grosser Fortschritt liegt darin, dass hier, wie übrigens in allen grösseren amerikanischen Brauereien in geschlossenen Sudmaischen gemaischt wird, welche mit Dampf geheizt werden (bei uns über offenem Feuer). Ueberhaupt findet hier gerade wie in unseren Zuckerfabriken eine rationelle Ausnutzung des Brennmaterials und des Dampfes statt, an welcher es in deutschen Brauereien noch gänzlich fehlt.

Mit dem Hopfen wird sehr rationell verfahren; es wird erst sogenannter Hopfenextract hergestellt, wobei auch die flüchtigen ätherischen Oele, welche bei uns in die Luft gejagt werden, aufgefangen und condensirt werden, um später wieder Verwendung zu finden. Die Abscheidung des Hopfenharzes bei der Gährung, welche bei uns für nothwendig gilt, wird absichtlich verhindert, um die ohnehin schwache Hopfenmenge, welche verwendet wird, nicht noch unwirksamer zu machen.

Am interessantesten auch in Bezug auf Uebertragung in die Zucker- und besonders die Candisfabrikation ist die Kühlung. Diese geschieht durch Laufenlassen der Würze über einen der bekannten senkrecht stehenden Röhrenkühler mit wagerechten Röhren, von denen die oberen mit strömendem kalten Wasser gefüllt sind, während die unteren Röhren einen Theil der Ammoniakeismaschine bilden, sodass direct Eis in ihnen gebildet wird. Was aber das wichtigste für uns ist, gleichzeitig wird die Würze gelüftet und zwar mit filtrirter Luft, welche von unten entgegenströmt. Um dies zu ermöglichen, steht der Kühler in einer Art rechteckigen Tasche von Metall. Die einströmende Luft passirt zunächst eines der auch in Deutschland in Brauereien neuerdings eingeführten, so vorzüglichen Baumwollentuchfilter, deren Bedienung denkbar einfach ist. Das Filter braucht nur nach vielleicht neun Monate währendem Gebrauch einmal geöffnet und das oberste Tuch, welches sich mit atmosphärischem, bakterienhaltigen Staub versetzt hat, durch ein anderes ersetzt zu werden. Ist ein solches Filter dann wieder einen Tag in Gang, so liefert es Luft, welche gänzlich frei von den Keimen der Spaltpilze ist, und wie sie in der Candisfabrikation sicherlich auch gute Dienste thun würde. In der Brauerei freilich ist ja das Lüften der Würze schon deshalb unentbehrlich, weil sonst die Hefe nicht gedeiht und die Gährung schlecht verläuft. Die Hefe wird selbstverständlich hier auch rein gezüchtet, der Kampf gegen die Spaltpilze ist überall das Losungswort, welches sich siegreich bewährt hat. Den ganzen grossen Gährraum hat man freilich nicht mit filtrirter Luft speisen können, doch gährt man theilweise schon in geschlossenen Fässern, indem man die nöthige Luft durch eine Rohrleitung zu- und durch eine ebensolche die Kohlensäure abführt. Das Bier wird durch Cellulosefilter geschickt, welche grosse Aehnlichkeit mit den Kroogschen Pressen haben. Eigenthümlich ist, dass das fertige Bier noch mit Kohlensäure, welche in der Brauerei selbst aus fein gepulvertem Marmor und Schwefelsäure bereitet wird, übersättigt wird. Als Grund dafür wurde uns angegeben, dass die amerikanischen Wirthe das Bier den Gästen noch „gespritzt" vorsetzen. Die überschüssige Kohlensäure soll verhüten, dass es dabei schaal wird.

Aus Wunderbare grenzt ein Apparat in der Flaschenbierstation. Derselbe verkorkt die Flaschen, legt eine Blechkapsel auf den Stopfen, umschlingt den Kopf der Flasche mit Draht, windet letzteren kunstgerecht zusammen und knippst ihn schliesslich noch ab.

Zur Herstellung des Malzextracts sowie zum Verdampfen verdünnter Würze (der Absüsser) dient ein zwerghaft kleiner Yaryanverdampfapparat, Quadrupleeffet, welcher auf Dr. Arno Behr's Rath beschafft worden ist. Man sieht daraus, wie gelehrig die Amerikaner sind, und wie sie verstehen, anderen Industrien abzulauschen, was für ihre eigene passt. Wo findet man in einer deutschen Brauerei einen Verdampfapparat mit mehrfacher Wirkung! Die dortigen Techniker äusserten sich über die Leistung ihres Yaryanapparates recht befriedigt.

Eine andere kleinere Brauerei, welche ich in Chicago sah, hatte gleichfalls mit Dampf heizbare Sudmaischen und Röhrenkühler. In derselben wurde, wie auch bei Pabst, viel Mais verbraucht. Mais enthält aber besonders im Innern des Korns viel Oel, welches dem Bier einen schlechten Geschmack giebt. Es werden deshalb niemals die ganzen Maiskörner in den Brauereien verwandt, sondern nur ein aus den glasigen Theilen des Korns hergestelltes Mehl, welches ölarm ist. Die Trennung dieser glasigen Theile von den Schaalen und dem inneren natürlichen Pulver geschieht nicht in den Brauereien selbst, sondern in besonderen mit geeigneten Maschinen ausgestatteten Mühlen. Dieselben verkaufen die Schaalen für Futterzwecke, während das ölreiche Feinmehl als beliebtes Nahrungsmittel der Neger, welche daraus Kuchen backen, nach dem Süden der Vereinigten Staaten vertreten wird.

In Chicago besuchten wir auch die seit fünf Jahren bestehende Brauer-Academie der Herren DDr. Wahl und Henius, zwei in Deutschland ausgebildete Chemiker. Das Institut enthält ein vorzüglich ausgestattetes Laboratorium mit Apparaten in kleinem Styl, ähnlich den im Vereinslaboratorium in Berlin befindlichen, welche gestatten, den Brauprocess im Kleinen unter genauer Nachahmung des Grossbetriebes den Schülern vorzuführen. Die Apparate sind grösstentheils Geschenke der betreffenden Maschinenfabriken und das verbrauchte Malz ist steuerfrei.

2. Die Gasanstalt in Sioux City.

Die Benutzung carburirten Wassergases zu Leuchtzwecken hat in den Vereinigten Staaten in den letzten 17 Jahren sich weit verbreitet und augenblicklich sind in fast allen grösseren Städten ungefähr 400 solche Anlagen in Betrieb, so z. B. in New-York, Brooklyn, Boston und San Francisco. An den grösseren Plätzen hatte ich keine Gelegenheit in die meist ziemlich streng abgeschlossenen Anstalten zu kommen, wurde aber in Sioux City in die städtische Gasfabrik eingeführt.

Es giebt in Amerika verschiedene grössere Gesellschaften, die sich mit Einrichtung von Wassergasanstalten befassen. Am verbreitetsten ist das Lowe-Verfahren, welches mit geringen Abänderungen auch in Sioux City eingerichtet war. Dabei besteht der Gaserzeugungsapparat aus einem cylindrischen Generator, welcher aus feuerfesten Steinen hergestellt und mit eisernem Mantel umgeben ist. Daran schliesst sich ein zweiter mit Chamottesteinen ausgefütterter Cylinder der sog. Ueberhitzer, dann folgen die Waschapparate. Bei der Gasbereitung wird zunächst der Generator mit Koke gefüllt und auf die entzündete Masse Luft geblasen, wodurch der Koke bis zu Weissglühhitze erwärmt wird. Darauf wird das Luftventil geschlossen und statt dessen Wasserdampf eingeblasen, um das Wassergas zu bilden, welches dadurch leuchtfähig gemacht wird, dass man es durch Zuführung von Petroleum in dasselbe Gefäss carburirt. In dieser Weise arbeitet der Apparat etwa 17 Minuten, dann hat sich der Koke soweit abgekühlt, dass zunächst wieder Luft eingeblasen werden muss, um die Masse wieder weissglühend zu machen. Es befinden sich zwei derartige Lowesysteme in der Anstalt in Sioux City, von denen jedoch nur eines in Betrieb gesetzt war. Angeblich erzeugt man damit in 24 Stunden 10 000 cbm Gas, 1 Aufseher und nur 2 Arbeiter bedienen die Apparate und schaffen den Koke herbei und versorgen also die 38 000 Einwohner zählende Stadt mit Leuchtgas. Dabei wird des Nachts nicht gearbeitet. Wassergas ist wegen seines Kohlenoxydgehalts giftig, ich fragte dabei den Betriebsführer, ob öfter Vergiftungsfälle gemeldet würden; „Natürlich kommen häufig Vergiftungsfälle vor", antwortete er, einigermaassen überrascht, über die seltsam erscheinende Frage. Seine Antwort ist characteristisch für die Gleichgültigkeit, mit der man im weiten Westen ein Menschenleben betrachtet.

Die Giftigkeit des Wassergases bildet bekanntlich ein Hinderniss, weshalb es in Deutschland noch nicht mehr eingeführt ist, ein zweites liegt daran, dass billige Carburirungsmittel, um das farblose brennende Gemisch von Wasserstoff- und Kohlenoxyd leuchtfähig zu machen, bei uns nur an wenigen Stellen zu haben sind, denn Petroleum ist bei uns auch wegen des Zolles dafür zu theuer. Durch die Einführung der Glühlampen ist aber das zweite Hinderniss beseitigt und es fragt sich, ob die Giftigkeit allein die allgemeine Anwendung wird hindern können. Hervorragende Techniker sind entgegengesetzter Ansicht und in der That wird uncarburirtes Wassergas für Glühlichtzwecke in Deutschland meines Wissens schon an mehreren Stellen dargestellt. Nachdem ich die leichte und elegante Art der Darstellung gesehen habe, bin ich in der von vielen Chemikern schon lange gehegten günstigen Ansicht bezüglich desselben, bestärkt worden. Möge es auch bei uns das kostspielige und umständlich darzustellende Leuchtgas aus Steinkohlen bald verdrängen!

Besichtigung von Fabriken in St. Louis.

St. Louis ist bekanntlich einer der grössten Industrieplätze Amerika's, dessen Bedeutung innerhalb des letzten Jahrzehnt fast um das Doppelte gewachsen ist. Das zeigen folgende Zahlen: [1)]

	1890	1880	Procente des Wachsthums
Anzahl der Fabriken	5 453	2 924	86,49
Anzahl der in Fabriken beschäftigten Hände	90 966	41 825	117,49
Kapital in den Fabriken angelegt	$ 133 292 699	—	—
Löhne gezahlt	„ 52 887 355	75 379 876	60,37
Werth der hergestellten Waaren	„ 225 500 675	114 333 375	97,23

[1)] Dem noch nicht ausgegebenen Census Bulletin vom 9. März 1892 entnommen, welches mir der Staatssecretär des Innern in Wahsington auf meine Bitte gütigst überlassen hat.

Durch die Freundlichkeit des deutschen Consuls Herrn Meier, welcher mich mit einer grossen Anzahl Industrieller bekannt machte und häufig meine Führung persönlich übernahm, hatte ich Gelegenheit eine grössere Anzahl Fabriken hierselbst besichtigen zu können.

Im allgemeinen habe ich dabei zwar manchmal wenig Glück gehabt, da einige Fabriken theils nach deutschem Muster eingerichtet, oder auch so alt und schlecht waren, dass sich eine Beschreibung nicht lohnt. Dies gilt zum Beispiel von einer Wiskeyfabrik, die zu sehen ich eine längere Eisenbahnfahrt unternahm, ich hatte gehofft eine mit allen Errungenschaften der Neuzeit ausgestattete Brennerei zu finden und kam in eine kleine erbärmlich eingerichtete Fabrik, welche in einer ehemaligen Brauerei nothdürftig untergebracht war. Das einzige interessante war für mich daselbst die Steuercontrole, welche in primitivster Weise von drei Beamten verrichtet wurde. Dieselben hatten den ganzen lieben langen Tag nichts zu thun, als während des Destillirens den Spiritus abzumessen. Ehemalige Handwerker, der eine war Schneider gewesen, waren sie zur Belohnung für ihr politisches Verhalten unter dem früheren Regiment mit 4 Dollar den Tag Gehalt angestellt worden, sollten aber in den nächsten Tagen das Feld für Auserwählte der Gegenpartei räumen. Sie kehrten nun in ihren früheren bürgerlichen Beruf zurück.

3. Besichtigung der Hydraulic Pressbrick Factory in St. Louis.

Wennschon in den Vereinigten Staaten Privathäuser vielfach aus Holz hergestellt sind, so steht doch die Ziegelfabrikation daselbst auf einer höheren Stufe als bei uns und bietet vieles Nachahmenswerthe. Die vorzüglichen Verblendsteine, in allen möglichen Farben, welche man allerwärts sieht, ferner die häufige Verwendung von gebrannten Ziegeln als Pflastersteine, welche in eigenen Pflastersteinziegeleien gewonnen werden, in den belebtesten Strassen grösserer Städte, wie z. B. Omaha, Lincoln, zeugen dafür, dass man die Ziegelbrennerei gründlich versteht.

Eine der bedeutendsten Ziegeleigesellschaften ist die Hydraulic Brick Co. in St. Louis, welche in 6 Ziegeleien jährlich 145 Mill. Steine herstellt.

Wir (Herr Hecker, Frentzel, Schöller und ich) besichtigten die grösste dieser Anlagen. Der Thon wird in nächster Nähe der Fabrik entweder durch Tiefbau, oder im Tagebau gewonnen.

Der Tagebau ist besonders interessant, weil er ohne directe Handarbeit erfolgt, somit auch alle die Gefahren für die Arbeiter, welche bei uns besonders beim Abbau mit Picke oder Schaufel stattfinden, vermeidet. Die Einführung des amerikanischen Verfahrens in Deutschland würde deshalb einen grossen Fortschritt darstellen. Bei diesem amerikanischen Verfahren wird der Thon zunächst mit einem

Krümmerpflug aufgelockert und bleibt darauf einige Tage an der Luft liegen, damit er etwas Feuchtigkeit verliert und verwittert. Nach dieser Zeit geht ein maulthierbespannter sogenannter Schraper über das Feld, welcher den Thon aufsammelt und nach dem Lagerschuppen der Fabrik fährt. Dieser Schraper hat vier rotirende Schäler, welche einem Hubrad vergleichbar den Thon aufnehmen und in einen in der Mitte des Gefässes befindlichen Kasten legen. — Auch der Schachtbau ist zweckmässig eingerichtet, die Transportbahn wird hier unten gleichfalls durch Maulthiere bewegt.

Der **Thon wird hier niemals geschwemmt oder angefeuchtet**, sondern trocken gebrannt. Das Verfahren ist alleiniges Eigenthum der Gesellschaft und sie beutet ihre Patente auch allein aus. Zu diesem Behuf hat sie grosse Zweigfabriken in Chicago, in Findlay-Ohio und Kansas-City errichtet, welche 51 Millionen Steine erzeugen.

Der Thon vom Tiefbau, welcher sehr fest ist, passirt erst ein Brechwerk und kommt dann in eine Walzenmühle, der Tagebauthon direct in eine solche; die Stahlwalzen sind dieselben, wie auch in der Maismühle, die ich in Sioux City besichtigte und in den Zuckerrohrmühlen. Hier wird das lufttrockne Material zu einem feinen Pulver gemahlen, welches nun direct ohne jede weitere Zumischung von trockenem Thon oder Anfeuchten in die Pressen kommt. Der Thon aus der Mine muss zwei Mühlen, eine gröber und eine feiner gestellte passiren, die Masse ist fast ganz gleichmässig, nur selten geht eine Schiefer-, Kohle- oder Sandsteinader hindurch.

Die hydraulischen Pressen der Gesellschaft formen je nach den Einsätzen 5—10 Verblendsteine, Hintermauerungsteine oder eine der Grösse nach geringere oder kleinere Zahl Ornamente auf einmal. Die Presse ist ein äusserst complicirt aussehender Apparat. Das Wesentliche und Patentfähige daran ist, dass sie gleichmässig langsam den Druck bis 4 Atmosphären steigert und mit einer Art Indicator versehen ist, welche den Druck für jede einzelne Abtheilung anzeigt und jederzeit erkennen lässt, ob alle Theile gut functioniren. Damit gelingt es, in der Minute 8, ja, bei Hintermauerungssteinen selbst 16 Pressungen auszuführen mit dem halben Kraftverbrauch wie bei der Nasspressung, nämlich für 100 000 Steine von rund 60 H. P., gegen 120 H. bei Nasspressung.

Unmittelbar aus der Presse kommen die Steine in die Oefen, welche einzeln stehen und unseren alten deutschen Oefen sehr ähnlich sind. Dieselben werden einzeln gefüllt und die Verblendsteine geschichtet, gerade wie bei uns, um den Feuergasen den Weg vorzuschreiben und dadurch eine gleichmässige Farbentönung hervorzurufen, obenauf werden Thonplatten aus ungebranntem Thon gebracht. Zunächst wird mit Holz angeheizt und dadurch in etwa 6 Tagen die Steine vorgewärmt, um sie langsam zu entwässern, dann werden sie in 4 Tagen gebrannt. Sämmtliche Oefen stehen unter einander durch Röhrencanäle an verschiedenen Stellen in Verbindung, Exhaustoren sind vorhanden, sodass auch die Wärme eines abkühlenden Ofens in beliebiger Weise zum Trocknen oder Vorwärmen in einem gefüllten nutzbar ist. Durch Mischen verschiedener Thonsorten, so wie Zusatz anderer Erden werden allerhand gescheckte Ziegelsteine gemacht, die in den Vereinigten Staaten häufig zu sehen sind. Besonders beliebt sind durch Zusatz von Eisenpulver erzielte grau gescheckte Steine. Selbstverständlich erzielt man auch Farbenänderungen durch Aenderung der Brenntemperatur, bei niederer Temperatur helle, bei höherer dunklere und bei noch höherer rothe.

Der Preis gewöhnlicher Hintermauerungssteine betrug trotz der schlechten Zeiten 15 Dollar, war also mehr als dreimal so hoch als in Berlin.

Der deutsche Consul machte mich sodann mit Herrn Prof. Curtmann bekannt, einem der tüchtigsten Technologen Amerikas, der mir Eintritt in eine grosse chemische Fabrik verschaffte. Aber auch dort fand ich nicht was ich suchte, der Director und der Chemiker, welchen ich von seiner Studienzeit her kannte, waren Deutsche, voll Stolz versicherten sie, dass in ihrer Fabrik kein Apparat sei, der nicht aus Deutschland stammte. Und das fand ich auch, ich hätte nur um die Ecke in die Chausseestrasse zu Schering zu gehen brauchen, um im Wesentlichen dasselbe zu haben. Es war unvermeidlich, dass ich in solcher Weise manchmal viel kostbare Zeit verlor, meine Führer, die deutsche Verhältnisse nicht kannten, wussten häufig eben so wenig wie ich, ob die betreffenden Fabriken specifisch amerikanisches, nach dem ich allein suchte, enthielten. Doch sah ich in St. Louis doch noch manches, was sich zu beschreiben verlohnt.

4. Eine Knochenkohlenfabrik. Dieselbe war von der Firma Flyn & Emrich in Baltimore gebaut und verarbeitet hauptsächlich Abfälle aus den Schlachthäusern in St. Louis und Büffelknochen aus Arizona und Neu-Mexico, wo noch grosse Mengen vorhanden sind. Dieselben werden zuvor wie üblich entfettet, aber auch theilweise entleimt, was der Qualität des Knochenmehls schwerlich zuträglich sein dürfte. Der Besitzer behauptete zwar das Gegentheil, doch hatte er vor kurzem überhaupt noch nicht entfettet. Wie auch bei uns üblich, werden die Hörner gesondert, entweder auf Hornmehl oder Leim verarbeitet. Die Knochen passiren zuerst ein Brechwerk, die Stücke werden dann gesiebt, und das fein Abgesiebte als Knochenmehl, bezw. Knochensuperphat verwendet, die grösseren Knochenstücke gehen immer wieder roh in das Brechwerk zurück bis sie nur Bohnengrösse bezitzen, denn die fertige Kohle wird nicht zerkleinert, sondern nur gesiebt. Der Glühofen ist ganz und gar aus Backsteinen

und enthält 6 Retorten, welche mit Steinkohlen geheitzt werden. Die Jahresproduction an Knochenkohle beträgt 50 000 tons (?). Die Condensationsvorrichtungen für die ammoniakalischen Gase unterscheiden sich nicht von den bei uns üblichen. Für das Abdampfen der rohen Lösung von schwefelsaurem Ammoniak sind Bleipfannen vorhanden, aus welchen das krystallisirte Salz auf perforirte flach liegende Bleiplatten herausgekrugt wird, um es abtropfen zu lassen. Alles war alt hier, aber gut im Stande und die Einrichtung erschien mir zweckmässiger und sauberer als in den meisten Knochenkohlenfabriken, welche ich kenne.

Die gröberen Stücke der abgesiebten Knochenkohle kauft die Sugar-Refining Co, das feinere Pulver geht nach den Zuckerrohrplantagen oder wird zu anderen technischen Zwecken verwandt.

5. **Besichtigung des hämmerbaren Eisengusswerks.** Der Besitzer der Fabrik. Herr Ortwein, ein Deutscher, ist der grösste Müller von St. Louis. Der Consul hatte mich mit ihm bekannt gemacht, weil ich eigentlich seine Mahlmühle sehen wollte. Dieselbe genau nach ungarischem System eingerichtet, stand aber gerade still und der Besitzer führte mich deshalb nach seinem grossen Eisengusswerk (Malleable-Works), welches er, allerdings in keinem günstigen Zeitpunkt vor der Stadt erbaut hat. Das Werk kann im vollen Betriebe 800 Arbeiter beschäftigen (2 Dollar Lohn den Tag), augenblicklich war noch nicht für die Hälfte Beschäftigung vorhanden. Seine Errichtung hier an dieser Stelle war durch billigen Kohlenpreise veranlasst, welche in Folge der Nähe der Gruben für 65 Cents die Tonne zu haben sind. Die Schmelzöfen waren zum Theil Gebläseöfen, die neueren jedoch mittelst selbsterzeugten Wassergases geheizt. Der Formersand aus Indiana, wurde erst hier durch Mischen mit anderen Zusätzen brauchbar gemacht. Die Kammern, in welchen den Gussstücken der Kohlenstoff entzogen wird, ebenso die Einkleidung der Eisentheile mittelst Lehm oder Cementirpulver bot nichts auffälliges.

Für die Betriebsmaschine hatte man hier zwei kleine Heinekessel, die hier über die Massen gelobt wurden, das Reinigen der engen Rohre Sonntags mache gar keine Schwierigkeiten. Diese Heine'schen Kessel habe ich sehr häufig in amerikanischen Fabriken gefunden, besonders auch in electrischen Centralstationen, an manchen Orten meinte man aber, die Reinigung sei zu unbequem und benutzte zum Beispiel in der elektrischen Kraftstation in Coloradosprings lieber einfache Zwei-Flammrohrkessel, während man die Heinekessel in Reserve gestellt hatte. Da sie drüben so häufig sind, will ich, obgleich ich weiss, dass ich dem deutschen Leser bekanntes damit biete, nachfolgende Scizze bringen, welche einer 1893 in St. Louis von der Heine-Boiler Co. ausgegebenen, mir vom deutschen Consul geschenkten Broschüre entnommen ist.

Die Köpfe *H* werden Sonntags behufs Reinigung der Rohre abgeschraubt. Das Patentfähige liegt nach Angabe der Erfinder darin, dass die Röhren auch an der Fassung zufolge der starken Construction frei

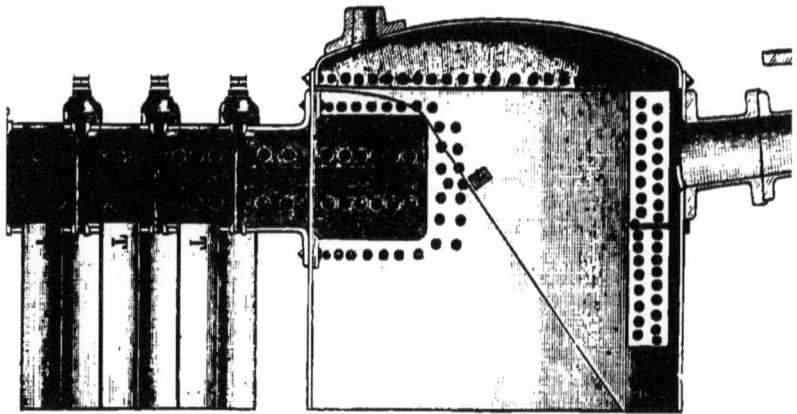

beweglich gelassen werden konnten und sich somit entsprechend der Temperatur frei ausdehnen und demgemäss verhältnissmässig hohe Temperaturen vertragen, also zur Erzeugung von hochgradigem Dampf dienen können. In Deutschland baut bekanntlich Borsig Kessel von demselben Erfinder.

6. Besichtigung der Stearinfabrik von St. Louis.

In der Stearinfabrik wurde Rohfett aus den grossen Schlachthäusern der Stadt verarbeitet. Dasselbe wird mit Hülfe von Dampf aus den Fässern, in welchen es in die Fabrik gelangt, ausgeschmolzen, und darauf auf flachen Blechgefässen in den Kellerräumen der Fabrik stehen gelassen, bis das Stearin auskrystallisirt ist. Alsdann wird das feste in grossen hydraulischen Pressen vom flüssigen getrennt, ersteres wird auf Kerzen, letzteres auf Seife verarbeitet, welche als gutes festes Product unter dem Namen German Seife (etwa was wir Kernseife nennen) in den Handel kommt.

Die feste Masse wird zunächst in einem zweiten System von stärkeren hydraulischen Pressen nachgepresst, darauf geschmolzen und in Formen gegossen. Was mich besonders anziehend berührte, war hier wieder die geschickte Disposition aller Apparate, wodurch viel Handarbeit gespart wird. Bei der täglichen Production von angeblich 15000 Pfund beschäftigt die Fabrik 60 Arbeiter und Arbeiterinnen. Auch eine Glycerinfabrik ist mit der Anlage verbunden, in welcher entweder Rohglycerin mit Dampf einfach übergetrieben oder durch Destillation im Vacuum reines Glycerin gewonnen wird.

7. Müllverwerthungsfabrik in St. Louis nach Patent März?

Diese Fabrik dürfte in jetziger Zeit, wo die grossen Städte Deutschlands sich eifrig mit der Frage der Müllbeseitigung beschäftigen, besonderes Interesse erregen. Das hier ausgeübte Verfahren unterscheidet sich von den englischen, welche sämmtlich auf Verbrennung des Mülls hinzielen, von Anfang an dadurch, dass ein so radicales Verfahren vermieden wird, und auch die organische Substanz in ihren Bestandtheilen ausgenutzt wird. Das gleiche Verfahren soll in zwei anderen grösseren amerikanischen Städten in Betrieb sein und die Stadt St. Louis, welche die bestehende Fabrik mit jährlich 75 000 Dollar unterstützt, soll beabsichtigen demnächst eine zweite einzurichten.

In der Fabrik war die Führung leider sehr schlecht, so dass ich fast nur aus eigener Anschauung berichten kann, da ich auf Fragen keine genügende Auskunft erhielt.

Zu unterscheiden ist zwischen der Müllverarbeitung und der in derselben Fabrik vorgenommenen Abdeckerei.

Der Müll wird, augenscheinlich ohne Zusätze, zunächst in grossen festliegenden eisernen Trommeln mit Doppelmantel und Dampfheizung und einfachem vierstrahligen Rührwerk getrocknet. Die trockne Masse wird darauf in hohen Cylindern wahrscheinlich mit Petroläther entfettet, das Fett wird an Seifenfabriken verkauft. Darauf wird die Masse angeblich ohne fremde Zusätze in einer geschlossenen Mühle zu einem groben Pulver vermahlen, mit den trocknen gleichfalls gemahlenen thierischen Abfällen, vielleicht auch mit mineralischen Düngern gemischt und so ein Kunstdünger hergestellt.

Die thierischen Cadaver kommen, nachdem sie zunächst abgehäutet und zertheilt sind, in grosse Verdampfapparaten ähnliche Gefässe, in denen sie gedämpft werden, werden darauf gleichfalls getrocknet, entfettet, gemahlen und bilden, wie erwähnt, mit dem aus Müll erhaltenen Pulver gemischt den Kunstdünger, welcher circa 5 % Stickstoff und eine entsprechende Menge Phosphorsäure enthalten soll. Interessant war das Kesselhaus mit Schornstein von colossalen Dimensionen, in welchem ein Vorwärmer für das Speisewasser angelegt war. Die Ventilation in der Fabrik mit Hülfe eines verzweigten Röhrensystems, welches in einen Exhaustor endete war sehr gut; man wurde nirgend von dem Geruch der Cadaver belästigt.

Einen angenehmen Abschluss meines Besuches in St. Louis bildete ein Sonntag auf einer Farm in einem Seitenthal des Mississippi, zu welcher mich der deutsche Consul Herr Meier hinausführte. Die Gegend trug Spuren ehemaliger hoher Cultur, jetzt waren nur ärmlich ausgestattete

Farmen und dürftige Maisfelder vorhanden. Unser Aufenthaltsort zeichnete sich durch ein stattliches Herrenhaus aus, welches zahlreichen Familien Raum für die Sommerfrische bot, daneben waren zwei kleine, niedrige und lange Häuser vorhanden, in welchen einst die männlichen und weiblichen Sclaven des Besitzers untergebracht gewesen waren. Jetzt schliefen in dem einen gemeinschaftlich sämmtliche Knaben, in dem anderen die kleinen Mädchen der Sommergäste. Zur Unterhaltung der Kinder waren eine Anzahl Pferde und Hunde vorhanden, mit denen die Sommergäste nach Belieben reiten, fahren und spielen, nur dürfen sie keine Hülfe beim An- oder Ausspannen oder sonst irgend welche Bedienung beanspruchen. Früh am Sonntag Morgen wohnte ich in einem Speisesaal dem anglicanischen Gottesdienst bei, den regelmässig ein Sonntags seine Familie besuchender Liqueurfabrikant abhielt. Der Mann las die Gebete mit wohllautender Stimme und sang wie ein richtiger Geistlicher der Gemeinde vor, unter welcher die grösste Andacht herrschte. Nach der Kirche zog sich jede Familie für sich zurück und die Langeweile des amerikanischen Sonntags verlangte ihr Recht. Voll Dank verabschiedete ich mich Abends vom deutschen Consul, durch dessen Fürsorge ich soviel Interessantes gesehen und erlebt hatte.

8. Papierfabrik von Alex. Balfour & Sons in Philadelphia, am 7. September 1893.

Auf der Heimreise über Washington nach New-York hielt ich mich noch in Philadelphia auf, um eine der dort befindlichen grossen Papierfabriken zu besehen. In Folge einer Empfehlung des angesehenen Franklin-Instituts, die Herr Wiley in Washington vermittelt hatte, wurde mir Zutritt zu der sonst Fremden verschlossenen grossen Papierfabrik von Alex. Balfour & Sons gestattet. Daselbst werden täglich 30000 Pfd. Papier aus 50000 Pfd. Pülpe hergestellt. Die Zahl der Arbeiter und Arbeiterinnen beträgt 225, die Löhne wöchentlich 1800 bis 2000 Dollar. Lumpen werden täglich 20000 Pfd. verbraucht und zwar meist deutsche, Kalk 15000 Pfd., Sodaasche 1500 Pfd., Chlorkalk und andere Bleichmittel 3000. Hergestellt werden alle möglichen Sorten von Schreib-, Luxus- und Zeichenpapiere.

Die Fabrik hat dreierlei Rohmaterialien:
1. deutsche und amerikanische Lumpen, erstere wurden als besser bezeichnet, als die amerikanischen.
2. Sulfitcellulose oder Sodakalkcellulose, erstere kommt allein aus Deutschland, da die Amerikaner die Fabrikation einerseits nicht recht verstehen, andererseits nicht concurriren können. Hier wird nur Cellulose mit Soda und Kalk unter Druck in den Apparaten der Yaryan-Gesellschaft hergestellt.
3. altes Papier.

Das Sortiren der Lumpen geschieht wie bei uns durch Frauen, erst wird vorsortirt, dann 2 mal nachsortirt, dann passiren die Lumpen die Zerreissungsmühlen, und kommen darauf in mächtige liegende Vorkochapparate, welche mit einem Rührwerk in der Längsrichtung versehen sind, also den geschlossenen mit Vacuum arbeitenden Sudmaischen der Zuckerfabriken sehr ähnlich sind, und werden daselbst unter starken Druck gedämpft. Diese Apparate entstammen der Fabrik von Coughlin Broth. in Holyoke, Mass. Schon in Lincoln in der Pappfabrik, wo gleichfalls zwei rotirende Vorkocher von aussergewöhnlicher Grösse und Form vorhanden waren, hatte ich den Eindruck, dass gerade wie Raffineriegewerbe, und Bierbrauerei, sich auch die Papierfabrikation in den Vereinigten Staaten, was die maschinelle Seite betrifft, weit selbständiger und freier von europäischen Einflüssen entwickelt hat, als ich früher geglaubt hatte, dies bestätigte sich hier wiederum in vollem Maasse, denn auch die Holländer, die Papier- und Satinirmaschinen waren von zwei amerikanischen Maschinenfabriken Haldrow in New Brunswick N. J. und Mowe & White Philadelphia ganz eigenartig construirt.

In die Vorkocher für die Lumpen wird wie üblich etwas Kalk gegeben, parallel dazu aufgestellt findet sich eine zweite Reihe Vorkocher, in denen das eingeworfene alte Papier mit Soda gekocht wird, für die Lumpen würde Soda zu theuer sein. Die Masse wird dann in einem System von 20 Bassins mit Holländern unter Wasser vermahlen und gewaschen, und kommt dann in die Bleichkammern, wo mit Chlorgas oder Chlorkalk gebleicht wird, dann abermals über Holländer, und passirt darauf vor der Papiermaschine noch eine trocken arbeitende kleine Mühle, welche grosse Massen schnell verarbeitet. Vorher wird die Pülpe noch wie üblich mit Leim, der aus einer dicht nebenbei liegenden grossen Fabrik stammt und vor dem Gebrauch mit Soda aufgekocht wird, versetzt. Von der Papiermaschine geht die fertige Masse behufs Trocknung freihängend und lose gespannt über ein System von Walzen, die in einem geheizten, gut ventilirten Raum stehen. Zuletzt passirt sie ein System von Satinirmaschinen, worauf das Papier mit ähnlichen Maschinen, wie bei uns üblich in Bogen geschnitten und sortirt wird.

Neben der Papierfabrik hatte man eben eine grosse Natron-Cellulosefabrik vollendet und theilweise in Betrieb gesetzt, sämmtliche Apparate dazu hatte die Yaryan Co. geliefert. In mächtigen cylindrischen Druckgefässen wurde das geschliffene Fichten- oder Cedernholz mit Kalk und Soda bei 6—10 Atmosphären Ueberdruck gedämpft, darauf die Masse entleert, und in Waschapparaten von der Lauge befreit. Letztere wurde behufs Wiederherstellung der werthvollen Soda zunächst in einem Yaryan-Quadrupleeffet eingedickt und darauf in einem rotirenden Calcinirofen geglüht. Diese amerikanischen Calciniröfen haben neuerdings auch die Aufmerksamkeit unserer Holzstofffabriken in hohem Grade erregt. Wennschon es zweifelhaft erscheint, ob sie wegen der abweichenden Beschaffenheit der Melasseschlempe und der darin enthaltenen Kalisalze (anstatt hier Natronsalze) jemals in den Melasseschlempereien sich würden einführen können, möchte ich doch hiermit auch die Aufmerksamkeit der Zuckerfabrikanten auf das Verfahren lenken. Man ist damit in Amerika sehr zufrieden, während sich ähnliche Vorrichtungen in England in Sodafabriken allerdings nicht dauernd bewährt haben sollen. Die eingedickte Schlempe tropft dabei durch einen Trichter continuirlich in eine rasch rotirende wagerecht liegende eiserne Trommel, in welche von einer am anderen Ende vorgesetzten Feuerungsanlage die Feuergase direct einströmen, und so die Wandungen fast zur Rothgluth erhitzen, und die Verkokung bewirken, die geglühte pulverförmige Masse fällt am vorderen Ende des Ofens auf einen Fortbewegungsriemen ohne Ende, welcher sie zu der Löschstation führt. Die abgehenden Feuergase werden noch benutzt, um das Wasser für den Dampfkessel des Yaryanapparates vorzuwärmen. Man lobte die Einrichtung die zur Zeit unseres Besuches tadellos functionirte, ausserordentlich. In der Löschstation wird aus der Kohle darauf etwa 10 % ige Sodalösung hergestellt, die abermals zur Extraction des Holzschliffes in den Druckapparaten Verwendung findet.

Jede Fabrik, die Papierfabrik und die Cellulosefabrik hatte ihr besonderes Kesselhaus, das letztere mit 26 Dampfkesseln, welche mit englischer Nusskohle über Planrost geheizt wurden. Der Kohlenpreis beträgt hier 1,75 Doll. per Tonne.

Die Besichtigung dieser Fabrik bildete den Abschluss meiner Reiseerlebnisse, wenigstens so weit sie sich zur Beschreibung eignen. Der häufig rasche Wechsel des Klimas und der Temperatur, welche ich in den letzten Wochen auf der Reise vom Stillen zum Atlantischen Ocean durchgemacht hatte, übte plötzlich seinen Einfluss aus, und auf einmal befiel mich jene specifische Krankheit, die den Reisenden in Amerika so leicht ankommt, die Dispepsia, welche sich in einer gänzlichen Abspannung der Nerven äussert. Nicht besser erging es meinen Begleitern, den Herren Dr. Frentzel, Hecker und Schöller, mit denen ich in Washington wieder zusammengestossen war. Wir hatten die Absicht gehabt, in New-York noch einige Fabriken zu besichtigen, waren aber gänzlich unfähig dazu, und gingen die vier Tage, welche wir dort noch zubrachten, apathisch und müde umher. Erst auf der Heimfahrt, welche wir am 12. September gemeinschaftlich mit der „Spree" antraten, erholten wir uns unter dem Einfluss der erfrischenden Luft des Oceans bald wieder gänzlich von unserer Abspannung und kehrten im hohem Grade befriedigt, so viel Neues, Schönes und Grossartiges gesehen und gelernt zu haben nach der Heimath zurück.